BERATEN IN DER ARBEITSWELT

Herausgegeben von
Stefan Busse, Rolf Haubl und Heidi Möller

Falko von Ameln

Führung und Beratung
Kognitive Landkarten durch die Welt
der Führung für Coaching, Supervision
und Organisationsberatung

Mit Beiträgen von Günter Engel, Stephan Fischer, Raimund Gebhardt,
Jürgen Hansel, Simone Kauffeld, Anne Katrin Matyssek, Nils Christian Sauer,
Anja Schmitz und Andreas Steinhübel

Mit 13 Abbildungen und 7 Tabellen

Vandenhoeck & Ruprecht

Bibliografische Information der Deutschen Nationalbibliothek:
Die Deutsche Nationalbibliothek verzeichnet diese Publikation in der
Deutschen Nationalbibliografie; detaillierte bibliografische Daten sind
im Internet über http://dnb.de abrufbar.

© 2018, Vandenhoeck & Ruprecht GmbH & Co. KG,
Theaterstraße 13, D-37073 Göttingen
Alle Rechte vorbehalten. Das Werk und seine Teile sind urheberrechtlich
geschützt. Jede Verwertung in anderen als den gesetzlich zugelassenen Fällen
bedarf der vorherigen schriftlichen Einwilligung des Verlages.

Umschlagabbildung: Macrovector/shutterstock.com

Satz: SchwabScantechnik, Göttingen
Druck und Bindung: ♻ Hubert & Co. BuchPartner, Göttingen
Printed in the EU

Vandenhoeck & Ruprecht Verlage | www.vandenhoeck-ruprecht-verlage.com

ISBN 978-3-525-45257-8

Inhalt

Zu dieser Buchreihe 7

Vorwort 9

1 Führung – ein Überblick 11
   1.1 Brauchen Organisationen Führung – und wenn ja: wozu? 11
   1.2 Das klassische Führungsverständnis und das Erbe
       des Taylorismus 14
   1.3 Eine sehr kurze Reise durch die Geschichte
       der Führungsforschung 17
   1.4 Aufgaben und Kompetenzen der Führung 22
   1.5 Was ist gute Führung? Ein Mehrebenenmodell der Führung 27
   1.6 Macht und Einfluss als Steuerungsmedien der Führung 34

2 Aktuelle Führungsdiskurse: Führung zwischen Fremdsteuerung
   und Unterstützung von Selbststeuerung 39
   2.1 VUKA und die Folgen 40
   2.2 Führung in der VUKA-Welt 45

3 Beratung an der Schnittstelle von Führung, Person
   und Organisation. 57
   3.1 Die Ebene der Person 61
   3.2 Die Ebene des Führungsteams 65
   3.3 Die Ebene der Organisation 66

4 Literatur 71

5 Spotlights ... 75

5.1 Spotlight: Führen in der Krise (Raimund Gebhard und Falko von Ameln) ... 75

5.2 Spotlight: Informelle oder laterale Führung (Jürgen Hansel) ... 84

5.3 Spotlight: Führen in der Sandwichposition (Andreas Steinhübel) ... 91

5.4 Spotlight: Führung von Digital Natives (Stephan Fischer und Anja Schmitz) ... 98

5.5 Spotlight: Virtuelle Führung (Nils Christian Sauer und Simone Kauffeld) ... 107

5.6 Spotlight: Gesund Führen – Herausforderungen der Führungsrolle (Anne Katrin Matyssek) ... 117

5.7 Spotlight: Führung und Self Leadership (Günter Engel) ... 124

Zu dieser Buchreihe

Die Reihe wendet sich an erfahrene Berater/-innen und Personalverantwortliche, die Beratung beauftragen, die Lust haben, scheinbar vertraute Positionen neu zu entdecken, neue Positionen kennenzulernen, und die auch angeregt werden wollen, eigene zu beziehen. Wir denken aber auch an Kolleginnen und Kollegen in der Aus- und Weiterbildung, die neben dem Bedürfnis, sich Beratungsexpertise anzueignen, verfolgen wollen, was in der Community praktisch, theoretisch und diskursiv en vogue ist. Als weitere Zielgruppe haben wir mit dieser Reihe Beratungsforscher/-innen, die den Dialog mit einer theoretisch aufgeklärten Praxis und einer praxisaffinen Theorie verfolgen und mitgestalten wollen, im Blick.

Theoretische wie konzeptuelle Basics als auch aktuelle Trends werden pointiert, kompakt, aber auch kritisch und kontrovers dargestellt und besprochen. Komprimierende Darstellungen »verstreuten« Wissens als auch theoretische wie konzeptuelle Weiterentwicklungen von Beratungsansätzen sollen hier Platz haben. Die Bände wollen auf je rund 90 Seiten den Leserinnen und Lesern die Option eröffnen, sich mit den Themen intensiver vertraut zu machen, als dies bei der Lektüre kleinerer Formate wie Zeitschriftenaufsätzen oder Hand- oder Lehrbuchartikeln möglich ist.

Die Autorinnen und Autoren der Reihe werden Themen bearbeiten, die sie aktuell selbst beschäftigen und umtreiben, die aber auch in der Beratungscommunity Virulenz haben und Aufmerksamkeit finden. So werden die Texte nicht einfach abgehangenes Beratungswissen nochmals offerieren und aufbereiten, sondern sich an den vordersten Linien aktueller und brisanter Themen und Fragestellungen von Beratung in der Arbeitswelt bewegen. Der gemeinsame Fokus liegt dabei auf einer handwerklich fundierten, theoretisch verankerten und gesellschaftlich verantwortlichen Beratung. Die Reihe versteht sich dabei als methoden- und schulenübergreifend, in der nicht einzelne Positionen prämiert werden, sondern zu einem transdisziplinären und interprofessionellen Dialog in der Beratungsszene angeregt wird.

Wir laden Sie als Leserinnen und Leser dazu ein, sich von der Themenauswahl und der kompakten Qualität der Texte für Ihren Arbeitsalltag in den Feldern Supervision, Coaching und Organisationsberatung inspirieren zu lassen.

Stefan Busse, Rolf Haubl und Heidi Möller

Vorwort

Organisationen müssen sich heute mehr denn je verändern. Wirtschaftsunternehmen, aber auch Organisationen im Gesundheits- und Bildungswesen oder in der öffentlichen Verwaltung bekommen einen zunehmenden Veränderungsdruck zu spüren, der von außen (etwa in Form einer verschärften Konkurrenzsituation oder immer kürzeren Produktzyklen) oder von innen (in Form veränderter Anforderungen der Beschäftigten) an sie herangetragen wird. Führungskräfte sind einerseits Schlüssel für die Bewältigung des Wandels, andererseits sind sie selbst diesem Wandel unterworfen.

Alte Gewissheiten lösen sich auf: Nicht nur bei den Mitarbeiterinnen[1], sondern auch bei der Mehrheit der Führungskräfte selbst ist die Überzeugung gewachsen, dass es einen grundlegenden Wandel im Führungsverständnis braucht, wie z. B. die INQA-Studie von Kruse und Greve (2014) belegt. Konturen einer zukunftsfähigen Führung erscheinen bislang nur am Horizont. Wo steigende Unsicherheit und zunehmender Handlungsdruck aufeinandertreffen, entsteht Bedarf für Beratung.

Dieser Band soll es Beratern, Supervisorinnen und Coachs erleichtern, Organisationen und Führungskräfte auf dem Weg in die Zukunft zu begleiten. Das Buch ist keine Tool-Sammlung – es gibt zahlreiche Coaching-Ratgeber und andere gute Bücher, die konkrete Methoden für die Beratung von Führungskräften auflisten. Vielmehr

---

1 In diesem Band werden abwechselnd die weibliche und männliche Form verwendet. Im Sinne der gendersensiblen Sprache mögen sich alle Geschlechtsidentitäten mitgemeint fühlen.

geht es darum, kognitive Landkarten zu entwickeln, die es Beratern möglich machen, ihr eigenes Handeln in den aktuellen Führungsdiskursen zu verorten. Allgemeine Überlegungen zu einer zukunftsfähigen Führung werden dabei ergänzt durch Spotlights zu aktuellen Führungsthemen, die hilfreiche Anregungen für die konkrete Gestaltung von Beratungsprozessen geben sollen.

Ich wünsche allen Leserinnen eine spannende und erkenntnisreiche Lektüre.

Falko von Ameln

1 Führung – ein Überblick

In diesem Kapitel wird zunächst ein systemtheoretischer Blick auf Führung geworfen. Nach einem Blick auf den Entstehungskontext der bisherigen Vorstellungen von Führung (Abschnitt 1.2) werden die wichtigsten Führungstheorien (Abschnitt 1.3) sowie Aufgaben der Führung (Abschnitt 1.4) in Kurzform vorgestellt und in ein Rahmenmodell guter Führung integriert (Abschnitt 1.5). Ein abschließender Abschnitt (1.6) befasst sich mit Macht und Einfluss als zentralen Steuerungsmedien von Führung.

1.1 Brauchen Organisationen Führung – und wenn ja: wozu?

Jede Beschäftigung mit dem Thema Führung muss mit der Frage beginnen, worin eigentlich Funktion, Daseinsberechtigung und Erfolgsfaktoren von Führung liegen. In Zeiten, in denen hierarchiefreie oder zumindest hierarchiearme Organisationsmodelle (wieder) zunehmend diskutiert werden, ist diese Frage keineswegs obsolet, sondern umso bedeutsamer.

In jedem sozialen System – d.h. nicht nur in Organisationen, sondern auch in längerfristig zusammenarbeitenden Gruppen aller Art – bilden sich informelle Führungsstrukturen aus. Wie ist dies zu erklären?

Eine vom Individuum ausgehende Erklärungsmöglichkeit lautet, dass sich Führungsrollen ausbilden, weil Menschen bestrebt sind, Einfluss zu gewinnen, um ihre Ziele durchzusetzen. Der US-amerikanische Psychologe David McClelland (1975) sieht das Streben nach Macht (in jeweils individuell unterschiedlicher Ausprägung) als Teil der menschlichen Persönlichkeit an.

Aus einer systemtheoretischen Perspektive (z. B. Luhmann, 2012) betrachtet, kann man davon ausgehen, dass Führung offenbar eine wichtige Funktion für soziale Systeme erfüllt – sonst würden Führungsstrukturen nicht in jedem System gebildet und über die Zeit hinweg beibehalten.

Der Zusammenhang zwischen der sozialen Funktion von Führung und der individuellen Motivationslage der Führungsperson bildet ein Spannungsfeld, das auf der Seite der Organisation, auf der Seite der Geführten, aber auch bei der Führungskraft selbst zu Verwerfungen führen kann und das insofern für Beratung, Supervision und Coaching sehr bedeutsam ist.

Auch im Tierreich und bereits in frühen menschlichen Gemeinschaften gibt und gab es Führung. In einem Prozess des Aushandelns bzw. Auskämpfens bildet sich ein Mitglied der Gemeinschaft heraus, dem die anderen Folge leisten. Grundlage dieser sogenannten *natürlichen Führung* ist eine Eigenschaft bzw. Fähigkeit, die für das Überleben der Gemeinschaft notwendig ist. Dabei kann es sich um körperliche Kraft handeln, aber auch um überlegenes Wissen, z. B. wo Wasserstellen zu finden sind. Solange Arbeit ausschließlich in solchen natürlichen Sozialsystemen verrichtet wird, sichern die gruppendynamischen Mechanismen der Herausbildung einer natürlichen Führung die Zielerreichung, d. h. das Überleben (sehr anschaulich beschrieben bei Schwarz, 2016).

> **Definition**
> Führung ist eine Systemleistung, die das Handeln der Systemmitglieder so ausrichtet und koordiniert, dass das Überleben des Systems gesichert wird.

Systemtheoretisch formuliert, dient Führung also
- als Mechanismus der Kopplung von Individuum und System. Die Systemtheorie hat die schon im Rahmen der Rollentheorie herausgearbeitete Erkenntnis, dass das einzelne Individuum nicht voll in das System inkludiert ist, bezogen auf Organisationen zugespitzt: Menschen werden nicht als Teil der Organisation verstanden, sondern gehören zu ihrer Umwelt (vgl. beispielsweise Luhmann, 1984, S. 286 ff.). Das bedeutet: Man kann immer im Sinne der Organisation, aber grundsätzlich auch ganz anders handeln.
- der Sicherstellung der Integration des Systems. In jedem System bilden sich lokale Teilrationalitäten aus (in einem Krankenhaus hat typischerweise das ärztliche Personal eine ganz andere Perspektive als die Pflegekräfte oder die Verwaltung). Jede größere Gruppe tendiert also dazu, in Subgruppen mit unterschiedlichen Sichtweisen, Zielen und Interessen zu zerfallen. Führung hat die Aufgabe, dafür zu sorgen, dass trotz dieser Ausdifferenzierungs- und Desintegrationsdynamiken alle an einem Strang ziehen, soweit es nötig ist.

Diese Bestimmung von Führung gilt für natürliche Gemeinschaften (Gruppen, aber auch die politische Führung einer Nation), für Organisationen aller Art und für unterschiedlichste Führungskonzeptionen und -verständnisse.

Nach diesem Verständnis kann in einer Organisation potenziell jede Mitarbeiterin führen, indem sie das Handeln der anderen Mitarbeiter auf das Organisationsziel hin ausrichtet. Organisationen zeichnen sich gegenüber natürlichen Sozialsystemen dadurch aus, dass es nicht dem Zufall bzw. den natürlichen Gruppenentwicklungsprozessen überlassen bleibt, wer Führung übernimmt. Führung wird als Funktion im System institutionalisiert und an besondere Rollen gebunden. Wie kann aber diese gemeinsame Handlungsorientierung gelingen trotz der immer gegebenen Autonomie der Beteiligten, auch andere Ziele zu verfolgen? Lösungsansätze für dieses Grundproblem von Führung werden in Kapitel 1.6 eingehender besprochen.

Es kann also festgehalten werden: Ziel und Funktion von Führung sind in unterschiedlichen Führungsansätzen identisch, nämlich das Handeln der Systemmitglieder auf das Überleben des Systems auszurichten. Allerdings gibt es ganz unterschiedliche Vorstellungen davon, wie Führungskräfte diese Aufgabe erfüllen können. Diese unterschiedlichen Führungskonzeptionen stelle ich in Kapitel 1.3 vor.

1.2 Das klassische Führungsverständnis und das Erbe des Taylorismus

Beim Entstehen von Organisationen in unserem modernen Sinne kommt gegenüber der natürlichen Führung in Gruppen eine ganz neue Problemlage hinzu. Das klassische Organisationsverständnis, wie es sich im Zeitalter der Industrialisierung entwickelt und weitgehend bis heute erhalten hat, geht – kurz gefasst – davon aus, dass eine Organisation dazu dient, ein Ziel zu erreichen,
- das per Entscheidung von außen vorgegeben ist (von einem Gründer, durch Ausgründung aus einer bestehenden Organisation, durch politische Beschlüsse etc.) und immer wieder nachjustiert werden muss;
- das nicht von einer Person allein, sondern nur arbeitsteilig erreicht werden kann;
- bei dem die intrinsische Motivation der Mitarbeiterinnen zu seiner Verfolgung nicht in ausreichendem Maße vorausgesetzt werden kann.

Aus diesem Führungsverständnis ergeben sich drei Kernaufgaben der Führungskräfte: Sie müssen
- den Mitarbeitern die Ziele immer wieder neu vor Augen führen;
- dafür sorgen, dass die Mitarbeiterinnen die ihnen zugewiesenen Aufgaben (möglichst eigenmotiviert, schlimmstenfalls aber auch ohne eigene Motivation) erledigen;

- sicherstellen, dass die Arbeitsleistungen der Beteiligten auf möglichst effiziente Weise ineinandergreifen – dazu gehört z. b. die Definition von Arbeitsprozessen, das Bereitstellen der benötigten Informationen, die Regulation von Konfliktpotenzialen an den Schnittstellen usw.

Infolge des erhöhten Bedarfs an Führungsleistungen, der aus der zunehmenden Ausdifferenzierung arbeitsteiliger Prozesse im Zuge der Industrialisierung erwächst, tritt eine neue Form von Führung zu den (auf der informellen Ebene ja weiterhin bestehenden) natürlichen Führungsmechanismen hinzu: Führung wird als Rolle formalisiert, deren Einflussmöglichkeiten nicht mehr allein auf Attributen der Person beruhen, sondern auf der mit ihr verbundenen Machtausstattung. Vorgesetzte können Mitarbeiter durch Belohnung (z. B. Bonuszahlungen) und Bestrafung (z. B. Zuweisung geringerwertiger Arbeitsaufgaben) dazu bringen, auf das Organisationsziel hinzuarbeiten, auch wenn sie sich nicht mit diesem Ziel identifizieren. Durch die Zahlung eines Gehalts wird eine »Indifferenzzone« eröffnet, innerhalb derer die Mitarbeiterinnen den Weisungen der Führungskraft Folge leisten, auch ohne dass dafür besondere fachliche oder menschliche Autorität auf der Seite der Führung nötig wäre.

Ein wesentlicher Vorteil dieses Arrangements für die Organisation besteht darin, dass es die Führungskräfteauswahl deutlich vereinfacht: Da die Einflussmöglichkeiten nicht – wie im Fall natürlicher Führung – auf besonderen Qualitäten wie Charisma, Erfahrung, Spezialwissen, herausragenden sozialen Kompetenzen oder dergleichen beruhen, kann die Organisation darauf verzichten, »geborene Führer« zu suchen, und stattdessen Menschen entsprechend ihres Dienstalters oder ihrer fachlichen Qualifikation als Führungskräfte einsetzen.

Die möglichen Folgeprobleme und Nebenwirkungen dieses noch dem tayloristischen Erbe verpflichteten Organisations- und Führungsverständnisses sind hinlänglich bekannt:
- Führungskräfte bringen oft nicht die nötigen Führungskompetenzen und -qualitäten mit. In der Gallup-Studie zur Mitarbeiter-

zufriedenheit 2016 (Gallup, 2017) geben 69 % der 1.413 Befragten an, schon einmal eine (aus ihrer Sicht) schlechte Führungskraft gehabt zu haben.
- Führungskräfte schätzen ihre Führungsqualitäten oft zu positiv ein: In derselben Studie geben 97 % der befragten Führungskräfte an, sie hielten sich für eine gute Führungskraft. Diese Tendenz zu einer zu vorteilhaften Selbstbewertung wird dadurch gestützt, dass Inhaberinnen einer mit Macht ausgestatteten Rolle typischerweise den Blick für die Perspektive der anderen verlieren (von Ameln u. Heintel, 2016, S. 110 ff.). Führungskräfte erhalten oft kein offenes Feedback aus der Organisation mehr – das gilt umso mehr für »schlechte« Führungskräfte, bei denen das Vertrauensverhältnis zu den Mitarbeitern gestört ist.
- Hierarchische Organisationen neigen zur Schwerfälligkeit, zu langen Entscheidungswegen, zur Innovationsfeindlichkeit, zur kommunikativen Abkopplung der Hierarchieebenen voneinander und zur Ausbildung kalter Konflikte.

Diese Problemlagen stellen für Supervisorinnen, Berater und Coaches wichtige Aufgabenfelder dar: die Weiterentwicklung von Führungskompetenzen, der Abgleich des Selbst- und Fremdbildes und die Aufhellung der blinden Flecke von Führungskräften, die Kompensation der Nebenwirkungen hierarchischer Organisation und die Sicherstellung der Effizienz von Führung. Nicht zuletzt geht es darum, zur Weiterentwicklung einer Führungskultur beizutragen, die den veränderten Anforderungen der Organisation ebenso Rechnung trägt wie den veränderten Erwartungen an Führung seitens der Mitarbeitenden und der Gesellschaft. Umrisse einer solchen Führungskultur werden in Kapitel 2.2 näher dargestellt.

1.3 Eine sehr kurze Reise durch die Geschichte der Führungsforschung

Die Führungstheorie und -forschung hat verschiedene Modelle dazu entwickelt, wie der Führungserfolg erreicht werden kann. Im Folgenden soll nur ein sehr knapper Überblick über Führungstheorien gegeben werden – ausführlichere Darstellungen finden sich z. B. in Blessin und Wick (2017) oder Stippler, Moore, Rosenthal und Dörffer (2011).

Die *Great-Man-Theorie* ging davon aus, dass man zum Führer geboren sein muss, d. h. Talent und eine förderliche Persönlichkeitsdisposition mitbringen muss. In Fachkreisen gilt diese Theorie als hoffnungslos veraltet, dennoch ist in der Praxis gerade bei der Besetzung höherer Führungspositionen immer wieder die Neigung festzustellen, Krisen durch den Austausch von Führungskräften bewältigen zu wollen, die dann aufgrund ihres Persönlichkeitsprofils als Heilsbringer wahrgenommen werden.

Eine abgeschwächte Fassung dieses Ansatzes bieten *eigenschaftstheoretische Modelle* der Führung. Auf solchen Modellen basierende Publikationen enthalten Aufzählungen von Charaktermerkmalen, die man als erfolgreiche Führungspersönlichkeit aufweisen sollte. Hier ein Beispiel aus Stogdill (1974, S. 81):

1. das Streben nach Verantwortung und Aufgabenerfüllung,
2. Ehrgeiz und Beharrlichkeit bei der Zielerreichung,
3. Risikobereitschaft und Originalität bei der Lösung von Problemen,
4. Initiative und Zugehen auf andere,
5. Selbstvertrauen und Selbsterkenntnis,
6. Bereitschaft, Konsequenzen zu tragen,
7. Stresstoleranz,
8. Frustrationstoleranz,
9. die Fähigkeit, andere Menschen zu beeinflussen,
10. die Fähigkeit, soziale Strukturen zu schaffen.

Tatsächlich zeigt sich in Studien eine positive Korrelation zwischen bestimmten Eigenschaften wie Intelligenz, Ausdauer oder Extraversion und Führungserfolg. Die Korrelationen sind jedoch nur relativ gering und eine valide Liste lässt sich nicht erstellen.

Die *Führungsstilforschung* wendet sich von der eigenschaftstheoretischen Annahme ab, dass Führungserfolg an mehr oder weniger statische Persönlichkeitsmerkmale gebunden ist und fokussiert stärker auf gestaltbares Verhalten. In den 1960er Jahren wurden an der Ohio State University und der University of Michigan die Auswirkungen von zwei Führungsstilen untersucht: dem aufgabenorientierten Führungsstil (»initiating structure«: leistungsbezogen, motiviert zur Leistungserbringung und sanktioniert bei Minderleistung) und dem mitarbeiterorientierten Führungsstil (»consideration«: Eingehen auf Bedürfnisse der Mitarbeiter, unterstützend, respektvoll, um offene Kommunikation bemüht; vgl. etwa Felfe, 2009, S. 28). Eine wenig überraschende Erkenntnis aus diesen Studien lautet, dass Führungserfolg nur in der Kombination beider Stile entsteht, dass es »den« erfolgreichen Führungsstil aber nicht gibt.

Alle bisher angesprochenen Modelle blenden zwei entscheidende Faktoren aus, nämlich den Einfluss der Geführten auf den Führungserfolg und die Notwendigkeit, unterschiedlichen Situationen mit einem jeweils situationsangepassten Führungsverhalten gerecht zu werden. Die in den späten 1960er und frühen 1970er Jahren aufkommenden *situativen Führungstheorien* versuchen, diese Randbedingungen in die Modellierung von Führung einzubeziehen. Ein bekanntes Beispiel für einen solchen Ansatz ist die situative Führungstheorie von Hersey und Blanchard (Hersey, Blanchard u. Johnson, 2013). Das Modell geht von der Annahme aus, dass der optimale Führungsstil vom Reifegrad der Mitarbeiterinnen abhängt (vgl. Abbildung 1). Bei geringem Reifegrad ist ein vorrangig aufgabenorientierter (im Sinne von: direktiver) Führungsstil empfehlenswert, mit zunehmender Reife der Mitarbeiter kann dann ein nondirektiver Führungsstil gewählt und den Mitarbeitenden mehr Verantwortung übertragen werden. Die Mitarbeiterorientierung sollte gemäß den

Empfehlungen von Hersey und Blanchard bei einem mittleren Reifegrad am höchsten sein.

Abbildung 1: Situative Führungstheorie von Hersey und Blanchard (eigene Darstellung)

Daraus ergibt sich die Empfehlung, bei einem geringen Reifegrad einen stark vorstrukturierenden Führungsstil zu wählen, in dem man den Geführten Ziele und Aufgaben kleinteilig vorgibt (»telling«). Ein Dialog mit der Mitarbeiterin ist dieser Vorstellung nach nicht erforderlich, da diese lediglich die ihr gegebenen Anweisungen befolgen soll. Bei etwas höherem Reifegrad (und damit auch anspruchsvolleren Aufgaben) muss dem Mitarbeiter der Sinn seiner Tätigkeit stärker erläutert werden (»selling«) bzw. er kann in die Definition der Ziele und die Ausgestaltung der Tätigkeit einbezogen werden (»participating«). Ein sehr hoher Reifegrad macht es möglich, Aufgaben ohne großen Erklärungsaufwand zu delegieren (»delegating«). Da die Mitarbeiterin in diesem Szenario weitestgehend autonom arbeitet, ist hier nach den Überlegungen von Hersey und Blanchard auch nur eine geringe Mitarbeiterorientierung erforderlich.

Situative Führungsansätze kompensieren das Defizit älterer Führungstheorien, den Führungserfolg lediglich an Merkmalen des Führenden festzumachen. Sie richten den Blick darauf, dass Führung ein dialogischer Prozess ist, der nur im Zusammenspiel von Führungskraft und Geführten gelingen kann. Allerdings setzen Annahmen wie in dem beschriebenen Modell dennoch die in den anderen Ansätzen zu bemängelnde Trivialisierung der Führungssituation fort, da mögliche weitere intervenierende Variablen außer Acht bleiben und die einfache Schematisierung impliziert, der Führungserfolg sei nach einem einfachen Kausalmodell rezeptartig herstellbar. Darüber hinaus ist der »Reifegrad« der Mitarbeiter als entscheidende Variable des Modells nicht ausreichend definiert und eher von heuristischem Wert als empirisch valide bestimmbar.

Ein Ansatz, auf den sich aktuell viele Organisationen mit ihren Führungskonzeptionen und Führungsentwicklungsprogrammen beziehen, ist das Modell der *transformationalen* Führung. Das Modell grenzt einen transformationalen von einem transaktionalen Führungsstil ab. Bass und Avolio (1994) fügen die beiden Aspekte von Führung zum »Full-Range-Leadership-Modell« zusammen. Dieses geht davon aus, dass jede Führungskraft transformationale und transaktionale Führungsstile gleichermaßen in ihrem Verhaltensrepertoire haben und auch einsetzen sollte, jedoch abhängig von der Person und der Situation in jeweils unterschiedlichen Anteilen.

Am einen Ende des von Bass und Avolio postulierten Kontinuums stehen ein Laissez-faire-Führungsstil (Führungskraft übernimmt keine Führung und trifft keine Entscheidungen) und ein passives Management by Exception (die Führungskraft greift nur im Bedarfsfall ein, d. h. bei Fehlern, größeren Problemen oder signifikanten Abweichungen). Bei der transaktionalen Führung unterscheiden die Autoren ein aktives Management by Exception (die Führungskraft kontrolliert Prozesse und greift in ihrer Funktion als »Monitor« korrigierend ein, wenn Fehler entstehen oder Regeln falsch ausgelegt werden) und einen Stil, den sie »kontingente Belohnung« nennen. Dieses Führungsverständnis beruht auf rationalen Austauschbeziehungen zwischen Führungskraft und Geführten. Die Führungskraft definiert Erwartungen und vereinbart Leistungsziele. Sie nutzt das lerntheoretische Prinzip der Verstärkung, d. h., sie versucht, erwünschtes Verhalten durch Belohnung zu fördern und unerwünschtes Verhalten durch Sanktionierung zu minimieren.

Transformationale Führung dagegen ist eher bestrebt, die Eigenmotivation und die Arbeitszufriedenheit der Geführten anzusprechen. Dafür sollen sich Führungskräfte an vier Prinzipien orientieren (Bass u. Avolio, 1994):

1. *Idealisierter Einfluss.* Führungskräfte sollten für ihre Überzeugungen bzw. die Werte des Unternehmens stehen und diese authentisch verkörpern. Dazu gehört, dass sie sich ihrer Vorbildfunktion bewusst und um Glaubwürdigkeit bemüht sind. Mit dieser Maxime propagiert das Modell das Bild der charismatischen Führungskraft, das bereits in der Great-Man-Theorie und in den eigenschaftstheoretischen Ansätzen eine große Rolle spielt. Ein häufig zitiertes Beispiel für eine solche Führungskraft, deren Charisma aus der authentischen Verkörperung der eigenen Prinzipien entsteht, ist Mahatma Gandhi.
2. *Inspiration.* Die Führungskraft soll eine optimistische und inspirierende Vision entwickeln, von der sie die Mitarbeiter begeistert.
3. *Intellektuelle Stimulierung.* Gute Führung sollte zum Querdenken einladen und den Geführten neue Sichtweisen zu bestehenden Problemen aufzeigen.
4. *Individuelles Eingehen auf den Mitarbeiterinnen.* Das Führungsideal im Modell der transformationalen Führung ist ein partnerschaftlicher Austausch zwischen Führungskraft und Mitarbeitern, der auf der Kenntnis der emotionalen Bedürfnisse und Probleme der Geführten basiert.

Zahlreiche Studien zeigen, dass sowohl transaktionale als auch transformationale Führung die Leistung positiv beeinflussen. Transformationale Führung hat aber zusätzlich günstigere Auswirkungen auf die Zufriedenheit der Geführten mit der Führungskraft, die Arbeitszufriedenheit, die Identifikation mit der Abteilung, das Erleben von Selbstwirksamkeit und weitere auf das subjektive Wohlbefinden bezogene Variablen.

Systemische Führungsansätze betrachten die Wirkmächtigkeit von Führung in gewisser Weise deutlich skeptischer. Auf der einen Seite wird auf der Grundlage eines systemtheoretischen Organisationsverständnisses (Luhmann, 2000; Simon, 2007) darauf hingewiesen, dass Interaktion und Organisation unterschiedliche Typen der Systembildung darstellen und dass eine interaktionistisch verkürzt verstandene Führung die Organisation und damit die eigentliche Funktionsgrundlage von Führung aus den Augen zu verlieren droht. Dieser systemisch inspirierte Blick rückt die organisationalen Kontexte von Führung verstärkt in den Blick: Ein großer Teil der Führungsarbeit wird danach von den Strukturen (d. h. Stellenbeschreibungen, Prozessdefinitionen, Routinen) geleistet, die Mitarbeitenden führen sich auf der Basis der Kenntnis dessen, was von ihnen erwartet wird, gewissermaßen selbst. Auf der anderen Seite wird der selbstorganisierende Charakter von Systemen betont – eine systemisch informierte Führung versteht sich dann nicht im Sinne des alten Verständnisses als Verhaltenssteuerung, sondern als Unterstützung von Selbstorganisationsprozessen. Systemische Ansätze fassen soziale Systeme als Resultat eines kollektiven Konstruktionsprozesses auf (vgl. Groth, 2017) – die Professionalisierung von Führung kann in diesem Verständnis daher nur als gemeinsamer Reflexionsprozess von Führungskräften und Mitarbeiterinnen gelingen.

Dieses Buch nutzt den systemischen Blick als durchgängige Theorieperspektive unter Einbeziehung der Ergebnisse der organisationspsychologischen Führungsforschung.

1.4 Aufgaben und Kompetenzen der Führung

In Abschnitt 1.1 wurde herausgearbeitet, dass die Funktion von Führung darin besteht, das Handeln der Systemmitglieder auf das Überleben des Systems auszurichten. Was bedeutet dies für das konkrete Führungshandeln und welche Aufgaben ergeben sich daraus?

Natürlich gibt es verschiedene Modelle, die auf diese Frage eine Antwort geben. Ein bekanntes Modell ist das in Abbildung 2 wiedergegebene »Führungsrad« von Malik (2014), das Aufgaben (obere Hälfte) und Werkzeuge (untere Hälfte) der Führung im Überblick darstellt.

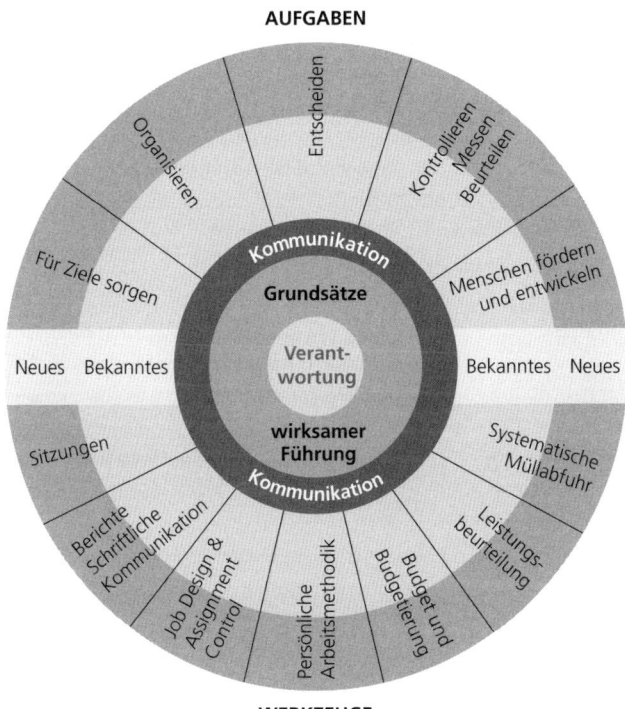

Abbildung 2: Führungsrad (Malik, 2014, S. 382)

Dörr, Schmidt-Huber und Maier (2012) haben in ihrem »LEAD-Modell« Befunde der empirischen Führungsforschung zu einem evidenzbasierten Kompetenzmodell der Führung zusammengefügt. Das Modell beschreibt auf fünf Dimensionen, welche Aufgaben Führung erfüllen muss und welche Kompetenzen hierfür erforderlich sind (s. Tabelle 1).

Tabelle 1: Übersicht des LEAD-Modells (aus Dörr, Schmidt-Huber u. Maier, 2012, S. 425 f.)

LEAD-Dimension	Beschreibung der Dimension
Strategieorientierung	
Marktchancen erkennen	Reflexion marktbezogener Entwicklungen und Bedeutung für den eigenen Verantwortungsbereich, Analyse von Risiken und Potenzialen, um die Unternehmensziele zu erreichen
Zukunftsperspektive formulieren	Entwicklung einer herausfordernden und inspirierenden Zukunftsperspektive, Entwicklung strategischer Initiativen
Innovationen treiben	Kritisches Hinterfragen bestehender Prozesse und Abläufe, Identifikation von Treibern für Innovationen, Motivation von Mitarbeitern zur Entwicklung neuer Ideen
Ergebnisorientierung	
Ziele vereinbaren	Formulierung klarer Verantwortlichkeiten und Erwartungen, Führen durch Ziele
Probleme analysieren	Vernetztes Denken und differenzierte Problemanalyse, Entwicklungen von Lösungen
Ergebnisse bewerten	Nachhaltiges Monitoring von Arbeitsergebnissen und -prozessen, Feedback zu Arbeitsfortschritten, Ermöglichung des Lernens aus Fehlern
Mitarbeiterinnenförderung	
Verantwortung übertragen	Empowerment und Fördern der Eigenverantwortung der Mitarbeiter, Delegation von Verantwortung und Handlungsspielräumen
Mitarbeiterinnen coachen	Aufzeigen von Entwicklungsperspektiven, Verbesserung von Kompetenzen »on the job« und Unterstützung der beruflichen Weiterentwicklung
Feedback geben	Aktives Feedback durch Anerkennung von Leistungen und konstruktiver Kritik für die persönliche und aufgabenbezogene Entwicklung, angemessene Belohnung der Leistungen
Perspektiven übernehmen	Interpersonelle Kompetenz durch Perspektivenwechsel, aktives Zuhören und individuelle Wertschätzung
Interaktionsgestaltung	
Effektiv kommunizieren	Frühzeitige, aktive und zielgruppengerechte Information und Kommunikation

LEAD-Dimension	Beschreibung der Dimension
Ressourcen bereitstellen	Bereitstellung notwendiger Ressourcen und Strukturen für die geforderte Aufgabenerfüllung
Konflikte managen	Offener Umgang mit Konflikten, Unterstützung der Mitarbeiter, selbst Lösungen zu entwickeln, Konfliktmoderation und Fokussierung auf Lösungen
Veränderungen umsetzen	Förderung von Veränderungsbereitschaft, lösungsorientierter Umgang mit Unsicherheit und Widerständen, transparente Prozesskommunikation, nachhaltige Umsetzung von Maßnahmen und Sichtbarmachen von Erfolgen
Arbeitsbeziehungen gestalten	Gestaltung effektiver Arbeitsbeziehungen mit Mitarbeiterinnen, Kollegen, Vorgesetzten und Kundinnen, lösungsorientiertes Vorgehen
Werteorientierung	
Selbstvertrauen vermitteln	Aktive soziale Einflussnahme durch Vermittlung von Selbstvertrauen, Optimismus und Begeisterungsfähigkeit, um Herausforderungen zu meistern
Authentizität vermitteln	Glaubwürdiges und authentisches Handeln, Überzeugungen vorleben und als zuverlässiger Partner agieren
Ambiguitäten managen	Lösungsorientierter Umgang mit Paradoxien, Widersprüchlichkeiten und unsicheren Situationen, konstruktiver Umgang mit anderen Meinungen und Wertvorstellungen

Unabhängig von leichten Variationen stimmen die verschiedenen Führungsmodelle darin überein, dass Führung die Aufgabe hat,

- dafür zu sorgen, dass die Organisation auf klare und möglichst gemeinsam getragene Ziele hin ausgerichtet ist;
- Regeln für die Zusammenarbeit festzulegen, die das gemeinsame Handeln auf diese Ziele ausrichten sollen, und Rahmenbedingungen zu schaffen, die es den Mitarbeiterinnen ermöglichen, sich möglichst selbstorganisiert und effizient zu engagieren;
- die Entwicklung der Mitarbeiter zu fördern,
- die Zielerreichung zu überprüfen und die Mitarbeitenden bei der Zielerreichung zu unterstützen;

- Ziele und Rahmenbedingungen zu ihrer Erreichung kontinuierlich zu reflektieren und zu optimieren.

Die verschiedenen Modelle unterscheiden sich darin, in welchem Ausmaß sie Führung als *Arbeit im System* bzw. als *Arbeit am System* verstehen (vgl. Tabelle 2).

Tabelle 2: Führung *im* System vs. Führung *am* System

Führung als Arbeit *im* System	Führung als Arbeit *am* System
Ziele vorgeben/vereinbaren	Passung der Ziele zu Entwicklungen in der Umwelt sicherstellen
Ressourcen bereitstellen	Für motivierende Arbeitsbedingungen sorgen
Mitarbeiter motivieren	Rolle von Führung und gegenseitige Erwartungen klären
Leistung beurteilen	Veränderungsfähigkeit des Systems sicherstellen
Feedback geben	Organisationskultur reflektieren

In der Vergangenheit wurde Führung (gerade auf den unteren Ebenen) oft vorwiegend als Führung *im* System verstanden. Führung bedeutet in diesem Verständnis, die Mitarbeiterinnen innerhalb vorgegebener Ziele und Rahmenbedingungen zu steuern, d. h. Arbeitsziele abzuleiten und zu überprüfen, Informationen bereitzustellen, Mitarbeiter zu qualifizieren etc. Arbeit *am* System bedeutet dagegen, Veränderungsnotwendigkeiten zu reflektieren, die Ziele und Rahmenbedingungen so anzupassen, dass die Organisation überlebensfähig bleibt sowie Mitarbeitende und Teams bei der Leistungserbringung zu unterstützen.

In den letzten Jahren hat sich angesichts eines immer schnelleren Wandels und Komplexitätszuwachses der Schwerpunkt von der steuernden und kontrollierenden Führung im System verschoben in Richtung eines Führungsverständnisses, das die Arbeit am System in den Vordergrund stellt. Wimmer (2001) spricht in diesem Zusammenhang von *vorausschauender Selbsterneuerung* als wichtigster Führungsaufgabe heutiger Organisationen.

1.5 Was ist gute Führung? Ein Mehrebenenmodell der Führung

»Gute Führung« kann nicht statisch und universell definiert werden, sondern Führung kann immer nur in Bezug auf wechselnde Kontextbedingungen »gut« (im Sinne von: aus Sicht der Organisation zielführend) sein. Das ist eine wichtige Erkenntnis, die aber, konsequent zu Ende gedacht, mit einer deutlichen Komplexitätssteigerung in der Modellierung von Führung einhergeht. Sozialwissenschaftliche Theorien bewegen sich immer im Spannungsfeld von Handhabbarkeit/Einfachheit und Exaktheit. Schlichte Theorien, wie sie in den Führungsdiskursen häufig bevorzugt wurden, können die Wirklichkeit nur grob abbilden. Je differenzierter die Theorie ihren Gegenstand beschreiben soll, desto komplexer und sperriger wird sie. Für Zwecke der Beratung brauchen wir ein Analyseschema, das die verschiedenen Dimensionen »guter« Führung abbildet.

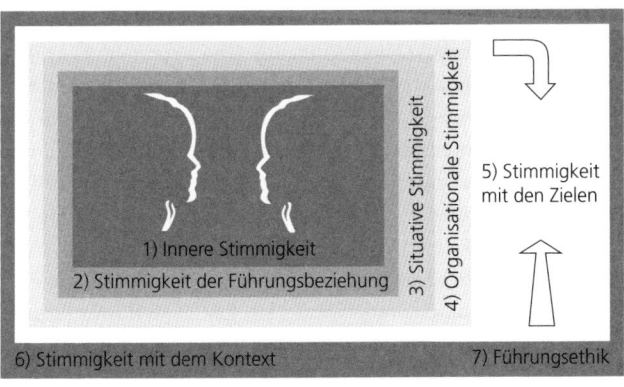

Abbildung 3: Mehrebenenmodell der Führung

Ein solches Mehrebenenmodell der Führung, in dem die in Abschnitt 1.3 dargestellten Führungstheorien verortet werden können, wird in Abbildung 3 vorgeschlagen. Das Modell unterscheidet sieben Ebenen, auf denen Führung reflektiert werden kann. Es eignet sich beispielsweise als Ordnungsraster für die Auftragsklärung in einem Coachingprozess oder als Referenzrahmen für eine Führungskräfte- oder Organisationsentwicklung.

Die sieben Ebenen umfassen jeweils folgende Aspekte:

Ebene 1: *Innere Stimmigkeit*. Gute Führung setzt voraus, dass die Führungskraft sich mit ihrer Rolle und der Organisation identifizieren kann, über eine Handlungstheorie und die notwendigen Handlungskompetenzen für die Führungsrolle verfügt, Handlungssicherheit in der Rollenausübung besitzt, Rollenkonflikte gut reflektieren und auflösen kann etc. Hierbei sind bestimmte Persönlichkeitseigenschaften erleichternd, wie sie von der Führungsforschung thematisiert wurden (vgl. Abschnitt 1.3). In Beratung und Coaching geht es auf dieser Dimension um Themen wie das eigene Führungsverständnis, die Aufstellung des »inneren Teams« (Schulz von Thun, 1998), um Work-Life-Balance, Selbstmanagement und Achtsamkeit mit sich selbst (vgl. das Spotlight »Führung und Self Leadership« in Kapitel 5), aber auch um Führungsqualifikationen, um Rollentraining für schwierige Situationen etc.

Ebene 2: *Dialogische Stimmigkeit,* d. h. Stimmigkeit der Führungsbeziehung. Die Beziehungsebene zwischen Führungskräften und Geführten ist von entscheidender Wichtigkeit. Vertrauen und Akzeptanz sind das Grundkapital jeder Führungskraft (zur Bedeutung von Vertrauen für die Führung z. B. Keuper u. Sommerlatte, 2016). Gestörte Beziehungen wirken sich negativ auf die Mitarbeiterinnenzufriedenheit und die Mitarbeiterbindung aus. So geben in der Gallup-Studie 2016 (Gallup, 2017) immerhin 18 % der Befragten an, sie hätten innerhalb der vergangenen zwölf Monate allein aufgrund ihrer direkten Vorgesetzten daran gedacht, das Unternehmen zu verlassen. Das bedeutet natürlich nicht, dass die Beziehung zwischen Mitarbeitenden und Führungskräften stets harmonisch und konfliktfrei verlaufen müsse. Mit »Stimmigkeit der Führungsbeziehung« ist aber auch gemeint, dass die Führungskraft ihre Führung auf die Kompetenzen, Stärken und Schwächen der Mitarbeiter abstimmen muss (wenngleich sicherlich differenzierter als bei Hersey und Blanchard beschrieben). Letztlich ist für jede Mitarbeiterin – natürlich in gewissen Grenzen – ein individuell abgestimmtes Führungsverhalten erforderlich. Ebenso müssen sich Mitarbeiter auf den Führungs- und Kommunikationsstil ihrer Führungskraft einstellen.

Ebene 3: *Situative Stimmigkeit.* Führung muss auf den jeweiligen Kontext abgestimmt sein. Während bestimmte Parameter dieses Kontexts über die Zeit hinweg weitestgehend stabil bleiben (z. B. Organisationskultur, Persönlichkeit der Mitarbeiterinnen), ist dieser Kontext in anderer Hinsicht kontinuierlichen Veränderungen unterworfen. In der Wachstumsphase einer Organisation kann und muss anders geführt werden als in Krisensituationen (siehe Spotlight 5.1 von Gebhardt und von Ameln in diesem Band), ein neu zusammengestelltes Team benötigt eine andere Führung als ein Team in der Storming-Phase der Gruppenentwicklung oder ein Team, das bereits seit Jahren effizient und konfliktarm zusammenarbeitet.

Ebene 4: *Organisationaler Rahmen.* Führung muss sich immer an den funktionalen Erfordernissen der jeweiligen Organisation bzw. des Organisationstyps ausrichten. Führung in einer Kindertagesstätte muss anders gestaltet werden als in einem Atomkraftwerk, eine politische Partei muss anders geführt werden als eine Anwaltskanzlei. Hier ist die Studie von Mintzberg (1979) zu verschiedenen Organisationstypen sehr instruktiv. Zum organisationalen Rahmen gehören auch die Instrumente und Verfahren, die festlegen, wie Führung in der betreffenden Organisation gestaltet sein soll (z. B. Führungsgrundsätze, Aufgabenbeschreibungen der Führungsstellen und -ebenen, Mitarbeitergespräche, Führungsfeedback). Systemtheoretische Führungsansätze gehen vorrangig von dieser organisationalen Perspektive aus.

Ebene 5: *Stimmigkeit mit den Zielen der Organisation.* Dass die Ziele der Organisation die Leitschnur jedes Führungshandelns darstellen müssen, mag trivial erscheinen. In der Praxis ist aber häufig festzustellen, dass im Führungsteam oftmals keine Einigkeit darüber herrscht, welches die Ziele sind und worauf Führung konkret hinarbeiten sollte. Jenseits der über die Zeit hinweg relativ konstanten Mission der Organisation müssen Ziele immer wieder neu diskursiv bestimmt und vereinbart werden – sowohl innerhalb der Führungsmannschaft als auch im Verhältnis zwischen Führungskräften und Mitarbeiterinnen.

Ebene 6: *Stimmigkeit mit dem Kontext.* Im Moment bestimmt das Schlagwort »Digitalisierung« die Führungsdiskurse (vgl. Antoni u. von Ameln, 2017). Auch wenn darunter die unterschiedlichsten Dinge subsumiert werden, macht diese Diskussion doch deutlich, dass Führung sich auf die jeweiligen gesellschaftlichen Kontexte einstellen muss. Führung im Jahr 2018 muss anders gestaltet werden als im Jahr 1958. In multinationalen Konzernen sind die Gelingenskriterien für Führung in Indien andere als in den USA oder in Norwegen. Dieser Aspekt wird in Kapitel 2 vertieft.

Ebene 7: *Führungsethik.* Führung muss nicht nur pragmatischen, sondern auch ethischen Kriterien genügen. Dass Organisationen nicht nur ihren Stakeholdern wie z. B. den Kapitaleignerinnen verpflichtet sind, sondern auch gesamtgesellschaftliche Aufgaben haben, rückt heute zunehmend in den Fokus, z. B. im Rahmen von Corporate Social Responsiblity. Damit sind auch ethische Anforderungen an Führung verbunden, die ausführlich in Kuhn und Weibler (2012) und in Nass (2017) diskutiert werden.

Führungswerte und Führungskultur: ein Blick in die Praxis

Was eine Führungskraft als gute Führung ansieht, hängt von ihren Erfahrungen (z. B. berufsbiografischen Vorbildern), von subjektiven Theorien zu Führung (Schilling u. Mackau, 2016) und von persönlichen Führungswerten ab. Kruse und Greve (2014) haben im Rahmen der INQA-Studie 400 Tiefeninterviews mit Führungskräften aus verschiedenen Hierarchieebenen und Branchen geführt. Die Antworten wurden zu fünf Typen geclustert:

- **Typ 1: »Traditionell absichernde Fürsorge«.** Führungskräfte dieses Typs betonen die Vorbildfunktion und Fürsorgepflicht von Führung. Sie sind beziehungsorientiert und streben einen engen Kontakt zu den Mitarbeitenden an (im Sinne der Dimension »individuelles Eingehen« im Modell der transformationalen Führung, vgl. Abschnitt 1.3).
- **Typ 2: »Steuern nach Zahlen«.** Führung in diesem Verständnis arbeitet darauf hin, dass die Mitarbeitenden maximalen Profit im Sinne des Unternehmens und der Kapitaleigner erwirtschaften. Wichtige Instrumente von Führung in diesem Verständnis sind Strategie, Zielmanagement und Controlling.
- **Typ 3: »Coaching kooperativer Teamarbeit«.** Führungskräfte mit diesem Führungswert sehen das Team, nicht die einzelnen Mitarbeiterinnen, als kleinste Einheit der Leistungserbringung an. Führung bedeutet für sie, Teams zu unterstützen, beispielsweise durch gemeinsame Reflexion und transparente Informationsweitergabe.
- **Typ 4: »Stimulation von Netzwerkdynamik«.** Führung in diesem Sinne bedeutet, Raum für Eigeninitiative zu eröffnen und die Vernetzung zwischen allen Akteuren in der Organisation zu fördern. Dazu gehört auch, gemeinsam mit den Akteurinnen an einer attraktiven Vision zu arbeiten.
- **Typ 5: »Solidarisches Stakeholder-Handeln«.** Wichtige Werte für Führungskräfte in diesem Cluster sind demokratische Teilhabe, gesellschaftliche Solidarität und soziale Verantwortung. Gute Führung heißt in diesem Verständnis, eine gemeinsame Ausrichtung der Organisation an dieser Sinnhaftigkeit der Arbeit (»purpose«) sicherzustellen.

Man kann davon ausgehen, dass die Unterschiede der befragten Führungskräfte im Hinblick auf ihr Bild von guter Führung nicht nur mit ihrer individuellen Werteorientierung zusammenhängen. Sie zeigen sicherlich auch an, dass unterschiedliche Organisationstypen unterschiedliche funktionale Anforderungen an Führung (vgl. Ebene 4 im

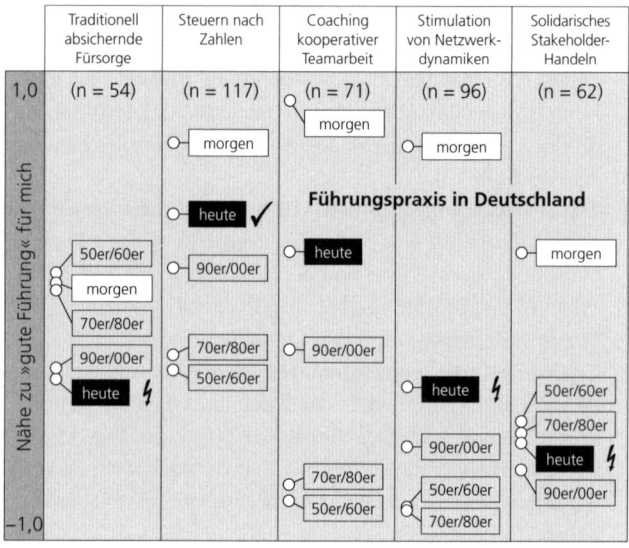

Abbildung 4: Führungspraxen und Führungsideale in Deutschland. Aus dem Vortrag von André Sobieraj zu den Ergebnissen der nextexpertizer-Studie »Gute Führung« im Rahmen der Personalmesse »Zukunft Personal«[2]

in Abbildung 3 skizzierten Rahmenmodell der Führung) und in der Folge unterschiedliche Führungskulturen ausbilden.

Die Grafik in Abbildung 4 zeigt einen interessanten Befund: Anhängerinnen der Paradigmen »Steuern nach Zahlen«, »Coaching kooperativer Teamarbeit« und »Stimulation von Netzwerkdynamik« sehen die Entwicklung seit den 1950er Jahren als positiv an und meinen, dass sich Führung auch weiterhin in die richtige Richtung entwickeln wird. Die Führungskräfte des Typus »Stimulation von Netzwerkdynamik« sehen die Praxis dabei noch am weitesten vom Ideal entfernt, während der Typus »Steuern nach Zahlen« bereits eine hohe Übereinstimmung zwischen derzeitiger Praxis und Ideal feststellt.

---

2 Quelle: https://www.youtube.com/watch?v=K5 te85DxxYc (Zugriff am 26.1.2018)

Dagegen sind Vertreter des Führungsideals »traditionell absichernde Fürsorge« der Auffassung, dass sich Führung vor siebzig Jahren positiver dargestellt und seitdem eher verschlechtert hat. Während sie die Praxis der Führung heute auf dem Tiefpunkt sehen, hoffen sie, dass Führung zukünftig wieder so wird wie in den 1950er Jahren. Die Führungskräfte mit dem Ideal eines »solidarischen Stakeholder-Handelns« bewerten die Situation heute ebenso wie in den vergangenen Jahrzehnten als unzureichend – sie stehen der aktuellen Führungspraxis von den fünf Typen am negativsten gegenüber und sehen großen Verbesserungsbedarf.

Die Befunde der Studie sagen nicht nur einiges über die Vielfalt der in der Praxis anzutreffenden Vorstellungen zum Thema Führung aus, sondern zeigen auch, dass die Idealbilder von Führung und die Bereitschaft, sich auf Veränderungen einzulassen, weit auseinanderklaffen. Ein an linearen Steuerungsvorstellungen ausgerichtetes Führungsverständnis ist (zumindest in der der Studie zugrunde liegenden Stichprobe) offenkundig noch sehr weit verbreitet – gleichzeitig verspüren Führungskräfte mit diesem Selbstverständnis der Studie zufolge den geringsten Problemdruck. Die Erkenntnisse bilden eine spannende Reflexionsfolie für Beratungsprozesse, die auf die Weiterentwicklung von Führungskultur abzielen, da sich hier die gleiche Heterogenität von Führungsverständnissen, Zielbildern und Motivationen für Veränderung vorfinden lässt.

Dilemmata der Führung

Für gute Führung gibt es kein Patentrezept und keinen »one best way«. Führung ist geprägt durch typische Dilemmata und die Notwendigkeit, das eigene Führungshandeln zwischen den widersprüchlichen Polen dieser Dilemmata immer wieder neu auszubalancieren. Einige dieser Führungsdilemmata sind in Tabelle 3 aufgelistet. Coaching und andere Formen der Führungsberatung können bei der Reflexion dieser Dilemmata und der Austarierung des Umgangs mit ihnen helfen; sie können die Dilemmata aber nicht auflösen – ganz im Gegenteil kann es eher ihre Aufgabe sein, die ausgeblendete Seite des Dilemmas in die Reflexion einzuspiegeln.

Tabelle 3: Dilemmata der Führung (gekürzt aus Blessin u. Wick, 2017, S. 462 f.)

Mittel	Zweck
Betrachtung der Einzelnen als Leistungsträgerin	Selbstverwirklichung als oberstes Ziel, Mensch im Mittelpunkt
Gleichbehandlung aller	Eingehen auf den Einzelfall
Distanz	Nähe
Fremdbestimmung	Selbstbestimmung
Zielorientierung nur Ziele vorgeben + kontrollieren	Verfahrensorientierung Wege zum Ziel vorgeben + kontrollieren
Gesamtverantwortung wenig Verantwortung delegieren, für Fehler einstehen	Einzelverantwortung Verantwortung aufteilen, bei Versagen Rechenschaft fordern
Bewahrung	Veränderung
Konkurrenz	Kooperation
Aktivierung	Zurückhaltung

1.6 Macht und Einfluss als Steuerungsmedien der Führung

Zu erfolgreicher Führung gehört nicht nur eine Führungskraft, die führt, sondern auch Mitarbeiter, die sich führen lassen – aus gutem Grund heißt Oswald Neubergers Standardwerk zur Führung »Führen und führen lassen« (Neuauflage: Blessin u. Wick, 2017). Wenn es nicht dem Zufall überlassen bleiben soll, ob Mitarbeiterinnen sich führen lassen, muss es Mechanismen geben, die sicherstellen (oder es zumindest wahrscheinlicher machen), dass sich die Geführten an den Erwartungen der Organisation bzw. der Führungskraft orientieren. Hierzu gibt es schon in natürlichen Sozialsystemen zwei Regulationsmechanismen:
- Macht = die Geführten verhalten sich erwartungskonform, weil sie andernfalls eine Sanktion befürchten;

- nichtmachtbasierter Einfluss = die Geführten richten ihr Verhalten an der Führungsperson aus, z. B. weil sie ihr überlegenes Wissen oder Fähigkeiten zuschreiben, sie respektieren, sich mit ihr identifizieren usw.

Führung im klassischen Organisationsmodell basiert strukturell darauf, dass die Aufrechterhaltung der Mitgliedschaft an die Erfüllung der Erwartungen gebunden wird (siehe Abschnitt 1.2). Geld fungiert dabei als »Ersatzmotivation« für die Verfolgung von Zielen, die nicht die der Mitarbeitenden sind und für deren Verfolgung sie keine intrinsische Motivation aufweisen. Die Rollenmacht der Führungskräfte beruht darauf, dass sie über die Erhaltung des Arbeitsverhältnisses und die weiteren Karriereoptionen entscheiden können. Wer aus der Reihe tanzt, droht seinen Job zu verlieren, eine schlechtere Arbeit zugewiesen zu bekommen oder sich Aufstiegsmöglichkeiten zu verbauen. Im klassischen Organisationsmodell stellt Macht daher *den* zentralen Steuerungsmechanismus und die Bedingung der Möglichkeit von Führung im Sinne eines Vorgesetztenverhältnisses dar.

Ob eine konkrete Führungssituation als Machtanwendung erlebt wird, ist natürlich in hohem Maße von der Wahrnehmung des Geführten abhängig. Da Führung eine Form von Kommunikation darstellt, gilt hier die konstruktivistische Grundregel der Kommunikationspsychologie: »Kommunikation wird bei der Empfängerin ›gemacht‹«, d. h., wie das vom Sender Gesagte »ankommt«, liegt nicht in seiner Verfügung. Bezogen auf Führung könnte man sagen: »Führung wird bei den Geführten gemacht«, oder: »Führung ist ein Produkt der Geführten.«

Folgekosten der Macht

Studien belegen die Alltagserfahrung, dass es einen großen Unterschied macht, ob eine Person Führung als Machteingriff erlebt oder nicht (ausführliche Darstellung und Literaturangaben bei von Ameln u. Heintel, 2016, S. 68 ff.):

- *Macht löst Reaktanz aus.* Diese Formulierung bezeichnet ein Widerstreben gegen Einschränkungen der eigenen Freiheit und den Versuch, diese Freiheit auf die eine oder andere Weise wiederherzustellen (in Organisationen etwa durch Anrufen des Betriebsrats, Dienst nach Vorschrift oder offene Auflehnung), ein Mechanismus, der als *Reaktanz* bezeichnet wird. Die Folge: »In Organisationen *erzeugt Macht Gegenmacht*« (Luhmann, 1975, S. 108, Hervorhebung im Original).
- *Macht zerstört Motivation.* Sanktionsmacht führt nur dann zu höheren Leistungen und kooperativem Verhalten, wenn die Einhaltung der Vorgaben sehr engmaschig kontrolliert wird. Wenn dies nicht möglich ist (und das ist es in der Praxis häufig nicht), sind Menschen eher freiwillig bereit zu kooperieren als unter erlebtem Zwang.
- *Macht zerstört Vertrauen.* Erlebte Ungerechtigkeit durch die Vorgesetzte schwächt die Arbeitszufriedenheit, das Commitment gegenüber der Organisation und die Mitarbeiterbindung, was sich wiederum negativ auf die Leistung auswirkt.
- *Macht erschwert die Problemlösung.* So werden in als machtdominiert erlebten Kontexten weniger Informationen weitergegeben und Ideen ausgetauscht.

Angesichts der geschilderten negativen »Nebenwirkungen« machtbasierter Führung ist es nicht erstaunlich, dass in der Führungstheorie und in den Schulungsprogrammen der Praxis immer wieder empfohlen wird, machtbasierte Formen der Führung möglichst zu vermeiden und stattdessen einflussbasierte Formen der Führung anzuwenden: Die Führungskraft soll charismatisch sein, ihre Mitarbeiterinnen zu eigenmotiviertem Handeln inspirieren und eine gute Beziehung zu den Geführten pflegen.

Heroische Führung als kollektive Konstruktion

Nicht nur die Alltagserfahrung, sondern auch zahlreiche Studien bestätigen das Klischee, dass Macht korrumpiert bzw. zumindest ein hohes Potenzial aufweist, in Denken, Wahrnehmen und Handeln der Machtinhaber Spuren zu hinterlassen: Macht erschwert den Perspektivenwechsel mit den Geführten, sie verleitet zum Machtmissbrauch und dazu, die Machtuntergebenen zu instrumentalisieren (ausführlich siehe von Ameln u. Heintel, 2016, S. 109 ff.). Sowohl Führerinnen wie Geführte neigen dazu, die von der Organisation verliehene Macht zu personalisieren. Die im Dienste der Organisation eingesetzte Rollenmacht mutiert dann zur Macht der Person, die sie in ihrem eigenen Interesse einsetzt. Die narzisstische Versuchung der Macht ruft nicht nur bei manchen Führungskräften eine Tendenz zur Selbstüberhöhung hervor, sondern der Nimbus des Heroischen, der das tradierte Bild des machtvollen Führers nach wie vor umgibt, speist sich auch aus einem gesellschaftlichen Stereotyp.

Dieses heroische Führungsideal wankt schon seit einiger Zeit, spätestens aber seit der enormen Komplexitätszunahme in den Unternehmensumwelten durch Digitalisierung, Globalisierung und demografischen Wandel. Schon seit Langem versucht man, durch Rotation der Führungskräfte dieser Gefahr des Machtmissbrauchs entgegenzuwirken; in jüngster Zeit werden noch radikalere Möglichkeiten, um die Verkoppelung von Rollenmacht und Person aufzuheben, diskutiert und erprobt (Näheres dazu in Abschnitt 2.2).

Führung zwischen Macht und Machtlosigkeit

Heroische Führungsfiguren werden als machtvoll fantasiert, ihre Macht ist aber nicht der Auslöser, sondern die *Folge* dieser Fantasie. Macht kann ihre Steuerungswirkung, wie bereits gezeigt wurde, nur dann effizient erfüllen, wenn sie von den Machtunterworfenen akzeptiert wird – Macht, die sich ständig neu beweisen und durchsetzen muss, entwertet sich selbst (von Ameln u. Heintel, 2016, S. 54 ff.). Entgegen der Fantasie von der Machtfülle der Führung ist das Erleben vieler Führungskräfte eher von einer gewissen Machtlosigkeit geprägt. Dieses Erleben von Machtlosigkeit entsteht in einem komplexen Wechselspiel der Entfaltung von Macht und Gegenmacht, im Spannungsfeld von Durchgriffsfähigkeit vs. Überzeugungsnotwendigkeit, vor dem Hintergrund der in Abschnitt »Folgekosten der Macht« beschriebenen Folgekosten und der in der Praxis häufig zu beobachtenden Selbstentmachtungsstrategien von Führungskräften (von Ameln u. Kramer, 2012). Dies gilt für die klassischen Vorgesetztenrollen, erst recht aber für Führungsrollen, die aufgrund ihrer organisationalen Verfasstheit ohne oder mit eingeschränkter hierarchischer Macht operieren müssen, beispielsweise Projektleitungsrollen oder fachliche Führung in Matrixorganisationen. Das Spotlight »Informelle Führung« in Kapitel 5 widmet sich diesem Typus von Führung und den Implikationen für die Beratung.

2 Aktuelle Führungsdiskurse: Führung zwischen Fremdsteuerung und Unterstützung von Selbststeuerung

Immer schon haben sich Menschen einem Wandel ihrer Umwelt ausgesetzt gesehen und vermutlich war man ebenfalls zu jeder Zeit überzeugt, dass der Wandel tiefer greift als je zuvor. Seit einiger Zeit ist – zumindest in der industrialisierten Welt – dieser Wandel jedoch zum prägenden Element des Lebensgefühls geworden. Dies gilt auch und insbesondere für Organisationen, wenn auch in unterschiedlichem Maß, in unterschiedlicher Ausprägung und in unterschiedlich erlebter Dringlichkeit. Angesichts einer dramatischen Zunahme von

V olatilität,
U nsicherheit,
K omplexität und
A mbiguität

spricht man von der VUKA-Welt, die Organisationen ganz neue Reaktionsformen und -tempi abverlangt. Treiber dieser Entwicklung sind nicht nur der rapide Wandel auf technologischem Gebiet (Stichwort Digitalisierung) und die sich schnell verändernden Markt- und Konkurrenzsituationen auf einem globalisierten Markt, sondern auch gesellschaftliche Entwicklungen wie der demografische Wandel und der mit ihm einhergehende Fachkräftemangel (vgl. Abbildung 5). Eine genauere Analyse dieser Entwicklungen in ihren Folgen für die Arbeitswelt findet sich bei von Ameln und Wimmer (2016).

Abbildung 5: Treiber der VUKA-Welt (aus von Ameln u. Wimmer, 2016, S. 12)

Abschnitt 2.1 zeichnet eine Skizze dieser Veränderungen und ihrer Auswirkungen auf die Gesellschaft im Allgemeinen und auf Organisationen im Besonderen. Für unser Thema ist diese Reflexion daher von Bedeutung, *weil sich mit ihnen auch die Funktionsbedingungen von Führung* und damit die Themen und Fragestellungen in Beratungs- und Coachingprozessen verändern.

2.1 VUKA und die Folgen

Die VUKA-Welt stellt Organisationen vor veränderte Anforderungen im Hinblick auf die Sicherung der eigenen Überlebensfähigkeit. Während früher angesichts einer zumindest scheinbar stabilen Umwelt die Zukunft absehbar und damit planbar erschien, ist heute angesichts eines extrem hohen Veränderungstempos (Stichwort Volatilität) kaum zu erahnen, wohin die Reise gehen könnte. So wie bislang jede Entwicklung neuer Kommunikationsmedien (von der Schrift über den Buchdruck bis hin zur Telekommunikation) die Gesellschaft revolutioniert hat, bringt auch die Digitalisierung Umwälzungen mit sich, die bislang wohl nur in den ersten Ansätzen spürbar sind. Wir steuern auf eine »nächste Gesellschaft« (Baecker, 2007) zu, die ganz neue Formen des Zusammenlebens und -arbeitens mit sich bringen wird, deren Konturen sich bislang aber allenfalls vage abzeichnen.

Die ersten Ausläufer der VUKA-Welt erreichen heute natürlich insbesondere Organisationen in besonders dynamischen, technologiegeprägten Marktumfeldern, etwa in der IT-, Medien- oder Mobilitätsbranche. Hier müssen Organisationen die Fähigkeit entwickeln, reaktionsfähiger für schwache Signale aus der Umwelt zu werden, z. B. um neue Trends frühzeitig zu erkennen. Sie müssen innovationsfähiger werden, um emergierende Kundinnenbedürfnisse so früh wie möglich aufgreifen zu können. Sie müssen in Produktentwicklung und Marketing schneller sein als die Konkurrenz, um Marktanteile frühzeitig zu sichern. Google, Facebook und Co. sind prototypische Beispiele für das Bemühen, eine solche extrem hohe Reagibilität zu entwickeln.

Doch auch in anderen Unternehmensumfeldern sind Organisationen herausgefordert: Banken und Sparkassen brechen durch die Niedrigzinspolitik und die erhöhten regulatorischen Anforderungen die etablierten Geschäftsmodelle weg. Maschinenbauunternehmen sind ebenso mit dem Fachkräftemangel konfrontiert wie Krankenhäuser und Pflegedienste; Energieversorger müssen nicht nur den Wandel weg von Kernkraft und Kohle hin zu erneuerbaren Energien gestalten, sondern ganz neue, stärker regional orientierte Versorgungskonzepte entwickeln usw.

Bei aller Unsicherheit (so zumindest ist die Stimmungslage in vielen Organisationen) scheint jedoch eines klar: Auf den bisherigen Pfaden, mit den bewährten Routinen und Bewältigungsmustern geht es nicht mehr weiter. Wir brauchen, so das Schlagwort der Stunde, *disruptive Veränderungen,* d. h. Veränderungen, die die bisherigen Formen des Organisierens durch agilere Formen ersetzen. Agilität ist daher das Megathema schlechthin. Viele Organisationen versuchen, »agiler« zu werden, wobei häufig nicht wirklich geklärt ist, was mit dieser Zielvorstellung gemeint ist. Auch wie eine Umsetzung im Unternehmen aussehen könnte, die unterschiedlichen lokalen Veränderungsbedarfen differenziert Rechnung trägt, und warum man eigentlich agiler werden sollte, bleibt oft im Unklaren. Die Diskussion um Agilität trägt alle Züge eines Managementhypes und vielfach wird dabei alter Wein in neuen Schläuchen serviert. Dessen ungeachtet drückt dieser Hype auch die von den Umweltveränderungen erzwungene Notwendigkeit aus, neue Lösungen für typische Folgeprobleme der Organisation zu finden. Die Hochkonjunktur des Agilitätskonzepts lässt sich jedoch nicht auf eine vorübergehende Mode reduzieren. Die Problemlagen der VUKA-Welt werden ebenso wenig wieder verschwinden wie das Internet, das bei ihrer Erzeugung eine maßgebliche Rolle spielt (für eine kritische Diskussion des Agilitätskonzepts vgl. Brückner u. von Ameln, 2016).

In der Diskussion um Agilität vermischen sich drei verschiedene Konnotationen des Begriffs:

1. Agilität bedeutet Beweglichkeit, Wendigkeit. In dieser Begriffsbedeutung meint Agilität eine *organisationale Fähigkeit,* sich schnell wechselnden Umweltverhältnissen anzupassen. Diese Fähigkeit ist an ihrem Ergebnis nach außen hin beobachtbar, z. B. in Form kürzerer Produktentwicklungszyklen, höherer Innovationsraten etc.
2. Vielfach wird mit dem Begriff beschrieben, wie die Organisation nach innen hin aufgestellt werden kann, um wendiger, schneller, innovativer u. ä. zu werden. Bei diesem Aspekt der Diskussion um Agilität geht es insbesondere darum, hierarchieorientierte Formen durch selbstorganisierende Formen der Zusammenarbeit abzulösen. In dieser Begriffsfacette ist also eine *organisationale Verfasstheit* angesprochen, die Agilität im Sinne von Punkt 1 ermöglicht.

3. Häufig wird Agilität mit dem Einsatz bestimmter, meist aus der agilen Softwareentwicklung stammender *Methoden* wie Scrum oder Kanban verbunden. Diese Methoden sollen eine agile Organisationskultur im Sinne von Punkt 2 schaffen; gleichzeitig setzen sie diese Organisationskultur bereits voraus.

Agilität wird von den Gegebenheiten des Markts »erzwungen«. Aus dieser Perspektive besteht zwischen den drei beschriebenen Aspekten von Agilität ein Zweck-Mittel-Verhältnis: Man setzt Scrum ein, um marktgerechtere Formen der Zusammenarbeit zu etablieren und so Produkte und Dienstleistungen schneller und kundengerechter produzieren zu können. Es gibt jedoch darüber hinaus viele Gründe, über neue Formen der Organisationsgestaltung im Sinne der zweiten Begriffsfacette nachzudenken.

Bereits seit längerer Zeit zeichnet sich ab, dass das bisherige, noch im Taylorismus wurzelnde Führungsverständnis (vgl. Kapitel 1.2) nicht mehr tragfähig ist. Das tradierte Modell der Führung, das seine Legitimationsgrundlage aus der fraglosen Akzeptanz hierarchischer Über- und Unterordnung bezieht, wird vielerorts nicht mehr akzeptiert. Der Wandel der Kooperations- und Führungskultur, der in allen Organisationen, par excellence aber in agilen Organisationen zu beobachten ist, ist somit auch eine Reaktion auf den mit diesem Wertewandel einhergehenden schrittweisen Verlust der Steuerungsmöglichkeiten klassisch-hierarchischer Führung.

In vielen Branchen haben sich die Machtverhältnisse zwischen Arbeitgeberinnen und Arbeitnehmern verschoben: Während sich auf einem Arbeitgeberinnenmarkt die Mitarbeiter der Organisation weitgehend unterordnen müssen, müssen Organisationen heute (zumindest in den vom Fachkräftemangel besonders betroffenen Branchen) in wesentlich stärkerem Maße den Bedürfnissen der Arbeitnehmerinnen entgegenkommen. Organisationen müssen »menschlicher« werden: Sie müssen mehr als zuvor die Motivationslage der Beschäftigten berücksichtigen, für ein gutes Arbeitsklima sorgen und Freiheitsgrade für die Individualität der Mitarbeiter eröffnen.

Die Flexibilisierung der Arbeit und die Agilisierung von Organisationen bieten einerseits größere Spielräume für die Mitarbeitenden. Andererseits lassen sie sich als Entgrenzung von Arbeit deuten, die Wettbewerbs- und Leistungsdruck in verstärktem Maße in die Organisation hinein holt. Heimarbeit, flexible Arbeitszeiten und zunehmende Projektförmigkeit von Arbeitsprozessen sind mitverantwortlich für den drastischen Anstieg von Fehltagen aufgrund psychischer Erkrankungen. Macht als dominanter Steuerungsmodus der Organisation wird durch marktförmige Modi der persönlichen und gegenseitigen kollegialen Disziplinierung abgelöst, wie Moldaschl (2002, vgl. Tabelle 3) überzeugend darlegt (vgl. dazu auch von Ameln u. Wimmer, 2016, sowie Minssen, 2012, S. 117 ff.).

Tabelle 4: Subjektivierung als dominantes Paradigma der neuen Arbeitswelt (leicht verändert aus Moldaschl, 2002, S. 29)

Objektivierung	Subjektivierung
Ziel: Berechenbarkeit	Ziel: High Involvement
Entsubjektivierung: Bürokratie, Standardisierung	Kalkulierte Resubjektivierung: Entbürokratisierung, Entstandardisierung
Nutzung von Person als Arbeitskraft	Nutzung von Arbeitskraft als Person
Ausschluss der Subjektivität als Störfaktor	Anerkennung der Subjektivität als Ressource
Primat der Planung (Wissen)	Rückkehr der Improvisation (Erfahrung)
Personale Führung	Kontextsteuerung
Fremdkontrolle	Selbstbeherrschung
Leistungssteuerung durch Vorgaben, zentral ausgehandelt, auf Dauer gestellt	Leistungsvereinbarung prozedural und individualisiert
Motivierung durch kalkulierte Anreizsysteme	Quasiunternehmerische kontraktuelle Elemente (z. B. Ergebniskoppelung)
Dominante Logik: **Macht**	Dominante Logik: **Markt**

2.2 Führung in der VUKA-Welt

Führung befindet sich – wie derzeit ein großer Teil der Organisationswelt im Angesicht von VUKA – in einem Zwischenzustand: Das Alte trägt nicht mehr, das Neue gibt noch keinen Halt, schon allein deshalb, weil niemand sagen kann, wie es genau aussehen wird. Diese Neuorientierung verlangt Führungskräften und Mitarbeiterinnen gleichermaßen hohe Veränderungsbereitschaft, Ambiguitätstoleranz und Reflexionsfähigkeit ab. Niemand verfügt über eine Blaupause, wie die Führung der Zukunft gelingen kann. Dennoch gibt es Trends, Entwicklungslinien und Gestaltungsvorschläge für die Führung in der VUKA-Welt (eine gute Zusammenstellung findet sich bei Ayberk, Kratzer u. Linke, 2017, die Expertenaussagen von Führungskräften und Wissenschaftlerinnen zu einer hilfreichen Themenlandkarte zusammengestellt haben). Angesichts des aktuell zu beobachtenden Hypes um Digitalisierung und New Work bedienen einige Berater und Beratungsinstitute die nach Orientierung suchenden Organisationen mit starren Blaupausen des agilen Arbeitens im Sinne eines »One-Size-fits-for-all«-Ansatzes. Eine solche Missachtung der tatsächlichen organisationalen Gegebenheiten, die oftmals geradezu missionarische Züge trägt, kann keine nachhaltigen Lösungen hervorbringen. Die Herausforderung für Beratung besteht vielmehr darin, jeweils organisationsspezifisch passende und für die beteiligten Personen anschlussfähige Führungskonzepte zu entwickeln. Beraterinnen sind in diesem Prozess allenfalls Wegbegleiterinnen in einem Suchprozess, zu dem es weder abschließende Antworten gibt noch geben kann.

Das Ende der heroischen Führung?

In den Kapiteln 1.1 und 1.2 wurde bereits herausgearbeitet, dass Führung in sozialen Systemen dazu dient, die Systemmitglieder trotz divergierender Interessen und Ziele auf das Überleben des Systems hin zu orientieren und so die Integration des Systems zu gewährleisten.

In natürlichen Sozialsystemen wird typischerweise denjenigen Individuen eine Führungsrolle zugeschrieben, die besondere, für das Überleben relevante Fähigkeiten (Wissen, Erfahrung, soziale Kompetenzen, körperliche Stärke) aufweisen. Mit der »Erfindung« von Organisationen ergeben sich neue Steuerungsnotwendigkeiten. Da sich komplexe arbeitsteilige Prozesse mit zahlreichen Beteiligten nicht mit natürlicher Führung allein koordinieren lassen, übernahm man das in der Feudalgesellschaft erprobte pyramidale System von Befehlsketten, in dem letztlich alle Entscheidungsbefugnisse an der Spitze konzentriert sind. Dieses hierarchische Bauprinzip war so erfolgreich, dass es bis heute die gesamte klassische Organisationstheorie dominiert. So waren »über die Jahrhunderte hinweg [...] Organisation und Hierarchie quasi identisch: Wer Organisation gesagt hat, hat Hierarchie gemeint« (Wimmer, 2008, S. 78).

Schon in Kapitel 1.2 wurde gezeigt, dass das klassisch-hierarchische Führungsverständnis in der Tradition des Taylorismus gründet. Zentrale Prinzipien des Taylorismus sind eine hochgradige Arbeitsteilung und Spezialisierung bei gleichzeitiger Trennung von Kopf- und Handarbeit: Jeder soll die (und nur die) Arbeit machen, die ihm zugewiesen ist und für die er am besten geeignet ist. Bedeutsame Entscheidungen werden von den oberen Führungsebenen getroffen, auf der Basis von überlegenem Wissen über die relevanten Umwelten und die zukünftig zu erwartende Entwicklung dieser Umwelten. Dieser auf Planung und Entscheidungszentralisierung basierende Ansatz setzt einerseits ein beherrschbares Ausmaß an Komplexität und andererseits eine mittelfristige Stabilität der Umwelt voraus – beides Voraussetzungen, die, wie gesehen, in der VUKA-Welt nicht mehr gegeben sind. In diesem Zuge schwinden auch überlegenes Wissen und »strategische Weitsicht« als sachliche Legitimitätsgrundlage der Führung.

Es überrascht nicht und ist seit Langem bekannt, dass Spezialwissen und Erfahrung, die in komplexen Arbeitszusammenhängen die Überlebensfähigkeit der Organisation sichern, oftmals eher bei den Mitarbeitenden als bei den Führungskräften angesiedelt sind. Anders als in natürlichen Sozialsystemen konnte die Hierarchie diesen Umstand jedoch ignorieren, indem Führung als Rolle institutionalisiert wurde. Die Führungsrolle bezog ihre Legitimation aus der Hierarchie und den Entscheidungsbefugnissen, mit denen die Führungspositionen auf den jeweiligen Hierarchieebenen ausgestattet sind: »Führung war eine aus der Hierarchie abgeleitete Größe« (Wimmer, 2008, S. 78). Führungskräfte mussten nicht – wie in natürlichen Sozialsystemen – ihre besonderen Fähigkeiten unter Beweis stellen. Ihre Rollenmacht begründete sich vielmehr in der Möglichkeit, qua Amt über die Karriere ihrer Mitarbeitenden mitzuentscheiden.

Aus einer systemtheoretischen Perspektive dient Führung der Absorption von Unsicherheit. Die zentrale Bedeutung dieser Funktion für die Praxis zeigt sich daran, dass Mitarbeiter nur mit einer Art von Führung noch unzufriedener sind als mit autoritärer Führung: nämlich mit Führung, die nicht entscheidet. Gleichzeitig wird die Unsicherheit der Entscheidungssituation durch die Entscheidung nicht vollständig zum Verschwinden gebracht, sondern die nicht realisierten Entscheidungsalternativen bleiben latent weiterhin präsent. Die Prämissen der Entscheidung, die also so oder auch anders hätte ausfallen können, »wirken mithin wie ein virtuelles Irritationspotenzial, das nur auf geeignete Umstände wartet, um in den Entscheidungsprozess wiedereingeführt zu werden« (Luhmann, 2000, S. 229). Die heroische Führung kann eine »Ersatzsicherheit« (Wimmer, 2008, S. 218) bieten, indem sie ihr Letztentscheidungsrecht per Rollenmacht gegen (zumindest laut geäußerte) Kritik immunisiert: Macht bedeutet, sich und seine Entscheidungen nicht infrage stellen zu müssen. Der Erfolgsfall stützt den heroischen Nimbus der Führung und selbst für den Misserfolgsfall hält diese Personalisierungsstrategie eine Möglichkeit der Unsicherheitsabsorption bereit: Man sucht sich eine neue Führungskraft, auf die man seine Hoffnung setzen kann (zu sehen etwa bei der Deutschen Bank, bei der die Ankündigung eines Wechsels in der Vorstandsetage regelmäßig dazu führt, dass der Unternehmenswert an der Börse um Hunderte Millionen Euro steigt).

Mit den beschriebenen Veränderungen des Arbeitsmarkts und der gesellschaftlichen Werte kann sich Führung jedoch immer weniger auf ihre Rollenmacht zurückziehen. Macht ist keine Eigenschaft der Person, sondern eine soziale Konstruktion, die durch die Folgebereitschaft der Geführten aufrechterhalten wird. Schon seit Jahrzehnten werden demnach Machtverhältnisse verschiedenster Art gesamtgesellschaftlich immer stärker infrage gestellt und abgebaut. So hängt also die Erosion von Macht als Steuerungsmedium in Organisationen auch damit zusammen, »dass Organisationen in unseren hochentwickelten Gesellschaften immer weniger auf Autoritätsressourcen zurückgreifen können, die man von außen importiert und die im Inneren die Arbeit von Führungskräften mit Legitimation unterstützen und versorgen können« (Wimmer, 2008, S. 76).

Agilität und die Selbstrelativierung der Führungsmacht

Schon seit dem Aufkommen der Human-Relations-Bewegung in der ersten Hälfte des 20. Jahrhunderts empfehlen Führungsratgeber, Entscheidungsverantwortung abzugeben, partizipativ, dialogisch und »auf Augenhöhe« zu führen. Auch wenn entsprechende Initiativen oft genug von der Hierarchie wieder eingefangen wurden, hat die Erkenntnis, dass sich auf Rollenmacht allein keine gelingende Führung aufbauen lässt, ihre Spuren in Organisationen hinterlassen.

Es hat also mit einem Veränderungsdruck von außerhalb *und* innerhalb der Organisationen zu tun, dass Konzepte, die die Hierarchie als Prinzip der Organisationsgestaltung zu konterkarieren versuchen oder ganz negieren, heute verstärkt in der Diskussion sind (man muss sagen: wieder einmal – nach Gruppenarbeit, Lean Management, Projektmanagement usw.). Viele Start-ups, aber auch einige traditionsreiche Unternehmen, haben Führung im Sinne eines Systems hierarchischer Weisungsbefugnisse komplett abgeschafft und z. B. durch ein Modell gegenseitiger Konsultationen ersetzt: Jeder kann innerhalb seines Arbeitsgebiets jede Entscheidung treffen (z. B. auch Investitionsentscheidungen), sofern er sich nach festgelegten Regeln mit seinen Kolleginnen berät (vgl. z. B. Laloux, 2015, S. 99 ff.). Weniger radikale Lösungen, um die Vermischung von Person- und Rollenmacht abzumildern, bestehen darin, Führungskräfte auf Zeit zu wählen (»demokratische Führung«, vgl. z. B. Rotzinger, 2017) oder die Führungsfunktion auf mehrere Personen aufzuteilen (»Shared Leadership«, vgl. z. B. Piecha, Wegge, Werth u. Richter, 2012). Agile Methoden der Kollaboration und nichthierarchischen Entscheidungsfindung werden in vielen Organisationen erprobt.

All diese Konzepte sollen dazu beitragen, die Positionsmacht zu relativieren, die traditionell mit der Führungsrolle assoziiert ist und die nicht nur die Gefahr des Machtmissbrauchs mit sich bringt (vgl. Kapitel 1.6), sondern auch die Organisation in eine Abhängigkeit von Einzelpersonen bringt. Führung soll nicht zur narzisstischen Selbstwertsteigerung verleiten, sondern der Organisation und den Geführten dienen (eine ausführliche Diskussion dieses Konzepts der »dienenden Führung« findet sich bei van Dierendonck, 2011).

Grundlage für die aktuellen Bemühungen um einen Paradigmenwandel ist die Erkenntnis, dass Führung nicht unbedingt an eine formelle Führungsrolle gebunden ist, sondern eine für die Überlebensfähigkeit des Systems wichtige Funktion darstellt, die im System verteilt sein kann. Führung ist in diesem Sinne nicht das, was eine Führungskraft tut, sondern eine Funktion, die jeder in der Organisation in bestimmten Situationen übernehmen kann und muss, um die Zielerreichung, Zukunftsfähigkeit und Integration des Systems zu sichern. Voraussetzungen hierfür sind auf der Seite des Systems entsprechende normative Setzungen und rahmende Verfahren, auf der Seite der Mitarbeiter das Gefühl von Ownership und hohe soziale Kompetenzen.

Führung als Kontextsteuerung

Grob kann man das tradierte Paradigma der Organisationsgestaltung wie folgt beschreiben: Die einzelnen Organisationseinheiten »strategische Vorgaben« und »operative Ziele« werden von der Führungskraft vorgegeben; Leistungserwartungen und ihre Erfüllung werden im Verhältnis Führungskraft–Mitarbeiterinnen thematisiert (z. B. in Form von Zielvereinbarungen und Beurteilungsgesprächen);

die laterale Abstimmung zwischen den Mitarbeitern bleibt relativ schwach ausgeprägt (Schaubild a in Abbildung 6). Im neu entstehenden Paradigma kommen strategische Vorgaben nach wie vor von der Führungskraft. Wie diese Vorgaben aber umgesetzt werden, welche operativen Ziele man sich setzt, von wem welche Leistung erwartet wird – das ist allein Sache des Teams. Dabei müssen sich die Teammitglieder gegenseitig in die Pflicht nehmen, sie übernehmen einen Teil der Führungsverantwortung im Sinne eines Selbststeuerungskonzepts (Schaubild b in Abbildung 6).

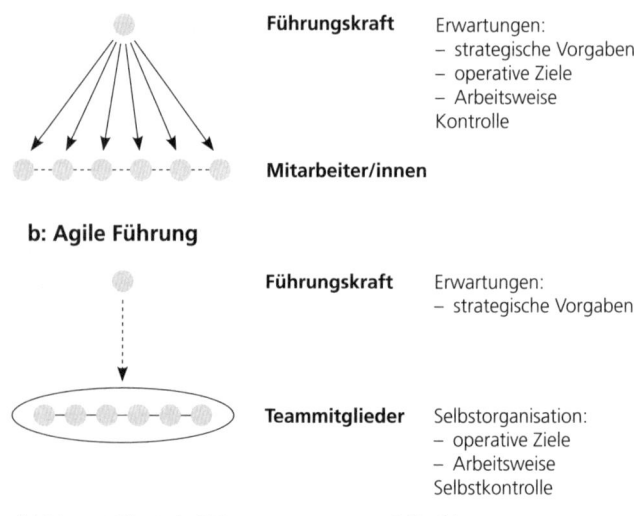

Abbildung 6: Klassische Führung vs. unterstützte Selbstführung

Diese Form der agilen Führung ruht auf vier Säulen, die in Tabelle 5 wiedergegeben sind.

Tabelle 5: Aufgaben agiler Führung (in Anlehnung an Jenewein u. Heidbrink, 2008)

Führungsprinzip	Aufgaben
Führungsverständnis + eigene Führungsrolle weiterentwickeln	Führung als Unterstützung von Selbststeuerung und Selbstverantwortung, Selbstführung
Gemeinsame Ausrichtung schaffen	Vision, Mission, Ziele gemeinsam erarbeiten
Leistungsförderliche Strukturen und Prozesse gestalten	Entscheidungsmodi, Verantwortung, Arbeitsabläufe, Schnittstellen festlegen
Teamkultur gestalten	Spielregeln vereinbaren, Vertrauen aufbauen, Eigenverantwortung stärken, Krisen moderieren

Ausgehend von der Diagnose, dass die Reaktions- und Veränderungsfähigkeit von Organisationen von den »Nebenwirkungen« der Hierarchie behindert wird, liegt das Schlüsselprinzip der agilen Organisation (ebenso wie alle vorherigen) darin, der hierarchischen Strukturlogik eine alternative Logik entgegenzusetzen. Wernham (2012, S. 214 ff., zit. nach Korn, 2015, S. 71 f.) bezeichnet dieses Prinzip als »light/tight governance«. Er geht von der Beobachtung aus, dass in der klassischen Form des Organisierens einzelne Mitarbeitende, Teams und Projekte recht straff geführt werden (d. h. klare Zielvorgaben bekommen, sich an standardisierte Prozesse und Kommunikationswege halten müssen etc. = »tight governance« oder Mikromanagement), während das obere Management eher grobe Rahmenvorgaben macht (»light governance«). Agile Organisationen stellen dieses Prinzip der »tight/light governance« auf den Kopf: Hier wird Teams ein hohes Maß an Freiheitsgraden eingeräumt, um Flexibilität zu ermöglichen, während im Topmanagement ein möglichst klar definierter strategischer Rahmen formuliert werden soll, um die Konsistenz aller an der Basis entwickelten Initiativen sicherzustellen. Dieses Modell der »light/tight governance«, so Korn (2015), entspricht dem von Willke (1989) formulierten Gedanken der Kontextsteuerung: »Im Kern bedeutet

Kontextsteuerung die reflexive, dezentrale Steuerung der Kontextbedingungen aller Teilsysteme und selbstreferenzielle Steuerung jedes einzelnen Teilsystems« (S. 58).

Führung als Kontextsteuerung versteht sich also nicht mehr im Sinne der klassischen Definitionen als Versuch einer Verhaltenssteuerung auf der Basis eines letztlich reduktionistischen Menschen- und Organisationsbildes. Vielmehr fungiert Führung als Sinn und Orientierung stiftende Rahmengebung für eine weitreichende, durch die Führungskraft unterstützte Selbststeuerung des Teams. Selbst- und Fremdsteuerung sind dabei nicht als binäre Kategorien im Sinne eines Entweder-oder zu betrachten, sondern als ein Kontinuum, an dessen einem Ende das klassische Führungsmodell steht: Dem Team werden Ziele und Prozesse zu ihrer Erreichung von der Führungs-

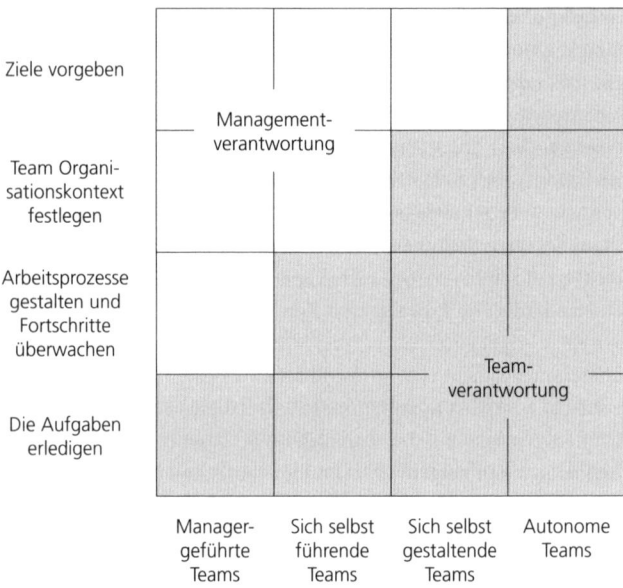

Abbildung 7: Stufenmodell der Selbst- bzw. Fremdorganisation in Teams (aus Kaltenecker, 2015, S. 2)

kraft vorgegeben, die die Umsetzung kontrolliert und gegebenenfalls mit Anreizen und Sanktionen steuert (»managergeführte Teams« in Abbildung 7). Den anderen Extrempol stellen vollständig autonome Teams dar, die nicht nur das Vorgehen bei der Zielerreichung selbst festlegen, sondern auch die Ziele selbst.

Die Form der Darstellung legt nahe, dass ein Mehr an Selbstorganisation mit einem Weniger an Fremdorganisation einhergeht und umgekehrt. Dieses Denken, das sich auch in den Führungsdiskursen wiederfindet, bleibt letztlich eindimensional. Selbst- und Fremdorganisation bilden weder unvereinbare Gegensätze noch Abstufungen auf einem Kontinuum. Stattdessen sind sie Prinzipien, die sich dialektisch gegenseitig bedingen und die in Abhängigkeit vom organisationalen Kontext, vom Entwicklungsstand der Organisation und der Mitarbeitenden etc. (vgl. das in Kapitel 1.5 vorgestellte Rahmenmodell guter Führung) ausbalanciert werden müssen. Dies betont auch Wimmer (1996): »Führung ist als das zentrale Qualitätsmerkmal für die Selbststeuerungsfähigkeit von Organisationen anzusehen. Wir müssen aufhören, Führung und Selbstorganisation als Gegensätze zu sehen. Diese Entgegensetzung stammt aus der Zeit, als Hierarchie für Fremdbestimmung stand und die Gruppe als Ort der Emanzipation von diesem Fremdbestimmtsein golten hat. Für die heutigen Organisationsverhältnisse sind diese Denkmuster vielfach zu einfach gestrickt« (S. 55).

Postheroische Führung

Mit dem Begriff der postheroischen Führung bezeichnet Baecker (2015) einen Modus der Führung, der die Veränderungen im gesellschaftlichen Umfeld reflektiert und im eigenen Handeln berücksichtigt: »(Postheroische) Führung unterscheidet die Organisation von der Gesellschaft, um Letztere in Ersterer selektiv und konstruktiv zum Tragen zu bringen […]. ›Gesellschaft‹ heißt hierbei im Sinne der soziologischen Theorie Reflexion auf die Fortsetzungsbedingungen von Kommunikation unter globalen Bedingungen, das heißt unter den Bedingungen laufender Variation politischer, wirtschaftlicher, rechtlicher, wissenschaftlicher, religiöser, pädagogischer Bedingungen und technischer, ökologischer und psychologischer Risiken und Gefahren […]« (S. 11). Damit wird Führung anspruchsvoller – sie wird »visionärer, demokratischer und indirekter als das traditionelle Führen im Modus eines stabilen Funktionierens, wie es in den vergangenen Jahrzehnten möglich war« (Kruse u. Schomburg 2016, S. 5). Postheroische Führung ist (im System-Umwelt-Verhältnis) komplexitätserhaltend und damit (im Binnenverhältnis) auch phasenweise komplexitätserhöhend. Mit diesem Komplexitätszuwachs müssen nicht nur die Mitarbeiterinnen, sondern auch die Führungskraft selbst umgehen.

Ein solcher Führungsansatz, der die eigenen, jeweils organisations- und kontextspezifischen Gelingensbedingungen im Sinne eines systemtheoretischen Reentrys in die eigene Reflexion wiedereinführt, muss nicht unbedingt auf die größtmögliche Selbststeuerung des Teams hinauslaufen. Von klassisch-hierarchischer Führung auf Selbstorganisation umzuschalten, würde nicht nur die meisten Organisationen überfordern. Es würde auch bedeuten, einen unterkomplexen Denkansatz durch einen anderen zu ersetzen – eine Differenz von heroischer und postheroischer Führung im Sinne eines gegenseitigen Ausschließungsverhältnisses wäre, so Baecker (2015, S. 2), ihrerseits heroisch.

Es geht also vielmehr darum, die vorausschauende Selbsterneuerung (vgl. Kapitel 1.4) dadurch zu sichern, dass sich das System immer wieder neu von außen irritieren lässt und damit Musterbildungen, die die Organisation unflexibel machen, abgeschwächt werden. Aus der Mitarbeiter- und Teamperspektive repräsentiert Führung dieses »Außen«, wobei sowohl das hierarchische Prinzip als auch ein selbstorganisierender Modus situativ und kontextabhängig wechseln können, um Irritationen zu erzeugen. »Die schwierigste Aufgabe von allen«, so Baecker (2015), »besteht daher vermutlich darin, sich der Einheit der Differenz von heroischer und postheroischer Führung bewusst zu sein und auch für diese Einheit eine Formulierung zu finden« (S. 2).

Alles VUKA oder was?

Angesichts der enormen Aufmerksamkeit, die die Umbrüche der VUKA-Welt und die dadurch angestoßenen Veränderungsbewegungen in Richtung Agilität derzeit erhalten, muss am Ende dieses Kapitels betont werden: Es gibt nicht eine für alle Organisationen identische Umwelt – die System-Umwelt-Unterscheidung ist ebenso eine Leistung des Systems selbst wie die Art und Weise, wie Umwelt systemintern beobachtet wird. Damit konstruiert sich jedes System seine jeweils eigene Umwelt. Die Umwelt der Gemeindeverwaltung auf einer Nordseeinsel ist in weiten Teilen eine völlig andere als die eines Forschungsinstituts, eines Paketdienstes, einer Kulturstiftung, einer Grundschule oder einer Großbank. Auch wenn der gesellschaftliche Kontext (etwa die demografische Entwicklung) für alle Organisationen gleich ist, ist doch der durch Volatilität, Unsicherheit, Komplexität und Ambiguität der relevanten Umwelten ausgelöste Veränderungsdruck sehr verschieden.

Ebenso unterschiedlich sind die Funktionsbedingungen von Führung und die Erwartungen der Mitarbeitenden: Während in manchen Kontexten ein hohes Ausmaß von Autonomie und Eigenverantwortung sinnvoll ist und von den Mitarbeiterinnen auch eingefordert wird, gibt es an anderen Stellen Widerstände gegen eine Verlagerung der Verantwortung auf die ausführende Ebene. Solche Widerstände kann man als Ausdruck mangelnder Veränderungsbereitschaft aufgrund des funktionalen Nutzens sehen, den alle Beteiligten von der klassischen Rollenverteilung haben: Auf der einen Seite eine Entlastung der Mitarbeiter von der Entscheidungsverantwortung und der Notwendigkeit, Entscheidungen auf lateraler Ebene aushandeln zu müssen. Auf der anderen Seite bessere Entlohnung, höherwertige Tätigkeiten und Statusgewinn für die Führungskräfte.

Aber nicht nur für die Personen, sondern auch für die Organisation kann es vorteilhaft sein, bei der klassischen Rollenverteilung zu bleiben. Insofern ist in Beratungsprozessen eine gründliche Prüfung erforderlich, welche Umweltveränderungen für die Organisation tatsächlich relevant sind und welche neuen Funktionsanforderungen sich für Führung daraus gegebenenfalls ergeben. »Postheroische Führung«, so Baecker (2015), »wird erforderlich, wenn die Varianz der Arbeitsprozesse steigt und sowohl die lose als auch die feste Kopplung zwischen Hierarchie und Prozess gesteigert werden müssen« (S. 3). Dies ist nicht in jeder Organisation und in jedem Kontext der Fall.

Insofern ist die Spannbreite der in der Praxis vorzufindenden Führungskontexte und der damit verbundenen Beratungsthemen sehr breit – die Spotlights in Kapitel 5 werfen ein Schlaglicht auf diese Vielfalt (eine gute Sammlung von Texten zu unterschiedlichen Aspekten der Führungsforschung findet sich bei Felfe, 2014).

3 Beratung an der Schnittstelle von Führung, Person und Organisation

Während schon der Versuch, eine Person zu verändern, ein äußerst komplexes und voraussetzungsreiches Unterfangen ist, gilt dies für Organisationsberatung erst recht. Natürlich kann im begrenzten Umfang dieses Buches kein vollständiger Leitfaden für die Beratung von Organisationen zu Fragen der Führung entwickelt werden. Es wird in diesem Kapitel vielmehr darum gehen, einige wichtige Grundfragen aufzuwerfen, mit denen Beratung heute konfrontiert ist. In Kapitel 5 werden dann wichtige Themen in der Beratung von Führungskräften in Form kurzer Spotlights vertieft.

Welche Führung brauchen wir, um zukunftsfähig zu bleiben?

Die Beratung in Bezug auf Führungsthemen orientiert sich einerseits am konkreten Auftrag der Klientinnen und andererseits an der Frage, welche Form der Führung für den jeweiligen organisationalen und situativen Kontext funktional wäre. Für eine erste heuristische Einschätzung ist hier das Modell von Laloux (2015) hilfreich – auch wenn man weder seiner These einer evolutionären Abfolge der von ihm beschriebenen Paradigmen folgen noch das Modell für besonders differenziert oder vollständig halten muss. Laloux unterscheidet sieben Stufen der Entwicklung von Organisationen, von denen hier die ersten drei ausgeblendet bleiben können. In unserer Organisationswelt sind vor allem folgende drei Typen zu beobachten:

Tabelle 6: Entwicklungsstufen von Organisationen (aus Laloux, 2015, S. 36 f.)

Typus	Beispiele heute	Wichtige Durchbrüche	Bestimmende Metapher
Traditionelle konformistische Organisationen (Bernstein) Es gibt stark formalisierte Rollen innerhalb einer hierarchischen Pyramide sowie Anweisung und Kontrolle von oben nach unten (Was und Wie). Stabilität ist der höchste Wert und wird durch exakte Prozesse gesichert. Die Zukunft ist die Wiederholung der Vergangenheit.	– Katholische Kirche – Militär – die meisten Regierungsbehörden – das öffentliche Schulsystem	– formale Rollen (stabile und skalierbare Hierarchien) – Prozesse (langfristige Perspektiven)	– Armee
Moderne leistungsorientierte Organisationen (Orange) Das Ziel ist, besser zu sein als die Konkurrenz, Profite zu erwirtschaften und zu expandieren. Durch Innovation kann man an der Spitze bleiben. Das Management erfolgt durch Zielvorgaben (Anweisung und Kontrolle bei dem, was getan wird; Freiheit dabei, wie es getan wird).	– multinationale Unternehmen – Privatschulen (Charterschulen)	– Innovation – Verlässlichkeit – Leistungsprinzip	– Maschine
Postmoderne pluralistische Organisationen (Grün) Dieser Typus nutzt weiterhin die klassische Pyramidenstruktur. Der Fokus liegt auf Kultur und Empowerment, um eine herausragende Motivation der Mitarbeiterinnen zu erreichen.	– kulturorientierte Organisationen (z. B. Southwest Airlines, Ben & Jerry's …)	– Empowerment – werteorientierte Kultur – Berücksichtigung aller Interessengruppen (Stakeholder-Modell)	– Familie

Aktuell sieht Laloux einen neuen Typus von Organisation in der Entstehung begriffen, den er als integrale evolutionäre Organisationen (Petrol) bezeichnet. Diese setzen auf Arbeit in selbstorganisierten Teams, gemeinsame Sinnstiftung, agile Prozesse und ein nichthierarchisches, systemisches Führungsverständnis. Selbstverständlich sieht die Weiterentwicklung von Organisation und Führung auf den vier Stufen sehr unterschiedlich aus; sie muss jeweils organisationsspezifisch austariert werden.

Führungskulturentwicklung – Möglichkeiten und Grenzen

Jede, die als neue Mitarbeiterin in einem Unternehmen angefangen hat, kennt das Phänomen: Zu Beginn fallen einem für die jeweilige Organisation spezifische Eigenheiten in der Arbeitsweise, dem Umgang mit Informationen, dem Umgang mit Fehlern usw. auf. Nach einigen Monaten nimmt man viele dieser Eigenarten nicht mehr wahr – sie sind im blinden Fleck der Beobachtung verschwunden. Aus systemtheoretischer Sicht lassen sich solche organisationskulturellen Phänomene als Satz informeller und latenter Regeln beschreiben (von Ameln u. Zech, 2011). Sie können mit den formellen Regeln im Einklang stehen oder ihnen widersprechen; sie können für die Organisation funktional oder dysfunktional sein.

Die Führungskultur ist eine zentrale Dimension aller organisationalen Lern- und Veränderungsprozesse, denn:
1. Sie ist in allen derartigen Prozessen ermöglichende oder auch limitierende Randbedingung, die über Gelingen oder Scheitern der eigenen Intervention mitentscheidet.
2. Führung spielt eine nicht zu unterschätzende Rolle für die Entstehung, Aufrechterhaltung und Veränderung von informellen und latenten Regeln in der Organisation. Mit dem häufig gebrauchten Begriff »Vorbildfunktion« ist dieser Zusammenhang nur mangelhaft beschrieben.

Ähnlich wie die Regeln der Grammatik werden auch kulturelle Regeln im Zuge impliziter Lernprozesse erworben und werden befolgt, ohne dass die Betreffenden sich ihrer bewusst sind. Simon (2004, S. 231 f.) spricht daher von grammatischen Regeln. Sie beeinflussen Entscheidungen, sind aber selbst nicht direkt über Entscheidungen beeinflussbar. Luhmann (2000) bezeichnet Organisationskultur in diesem Sinne als die »unentscheidbaren Entscheidungsprämissen der Organisation« (S. 241). Das bedeutet, dass sich Organisations- und Führungskulturen nicht per Akklamation verändern lassen. Es braucht (neben der Entschlossenheit des Topmanagements) eine komplexe Veränderungsarchitektur, die einen parallel laufenden Lernprozess auf drei Ebenen vorsieht:
1. individuelles Lernen auf der Ebene der einzelnen Führungskraft (→ Kapitel 3.1),
2. kollektives Lernen auf der Ebene der gemeinsamen Reflexion im Führungsteam (→ Kapitel 3.2),
3. organisationales Lernen auf der Strukturebene (→ Kapitel 3.3).

Führungskultur als Randbedingung in Coaching und Supervision

Während Führungskulturentwicklung auf allen drei Ebenen operieren muss, wird in anderen Beratungsformaten nur eine dieser Ebenen adressiert: in Coaching und Personalentwicklung vorrangig Ebene 1, bei begleiteten Führungszirkeln und Workshops vorrangig Ebene 2. Klassische »Kunstfehler« in Coaching-, Supervisions- oder Workshopkontexten liegen darin,
- die organisationale Mitbedingtheit der als individuelle Problemlage oder Teamkonflikt erscheinenden Phänomene auszublenden (Personalisierung) oder
- den durch Format und Auftrag gesteckten Rahmen zu überschreiten, indem man sich z. B. als Supervisor in Fragen der Führung oder der Organisationsgestaltung einmischt, die laut Kontrakt nicht Bestandteil des Auftrags sind.

In diesen Fällen ist eine saubere (Nach-)Klärung des Auftrags wichtig. In jedem Fall sollte ein Auftragsklärungsgespräch nicht nur mit den direkt am Prozess Beteiligten geführt werden, sondern auch mit den jeweiligen Vorgesetzten. Für dieses Gespräch sind folgende Fragen hilfreich:
- Wie sollen wir damit umgehen, wenn in der Supervision (im Coaching etc.) sichtbar wird, dass es Klärungsbedarf in Bezug auf organisationale Regelungen gibt? (z. B. Übergaberegelungen, Qualitätsstandards, Informationsweitergabe)
- Wie sollen wir damit umgehen, wenn das Team Kritik/Gesprächsbedarf in Bezug auf die Führung äußert?

Diese Fragen sollten nicht nur einmalig vorab, sondern in regelmäßigen Rückkoppelungsterminen prozessbegleitend offen besprochen werden.

3.1 Die Ebene der Person

Die Führungskraft ist der Kristallisationspunkt, an dem die im vorangegangenen Kapitel beschriebenen Entwicklungen in all ihrer Widersprüchlichkeit aufeinandertreffen. Sie soll trotz fluktuierender Umfeldbedingungen die Stabilität ihrer Organisationeinheit sicherstellen, Veränderungsprozesse gestalten, die sie nicht selten selbst infrage stellen, und Arbeitszufriedenheit trotz steigenden Leistungsdrucks sicherstellen. Ebenso wird von ihr erwartet, trotz unklarer Zukunftsperspektiven Orientierung zu stiften, die Widersprüche zwischen Person und Organisation auszubalancieren und eine neue Art der Führung zu entwickeln, von der man noch nicht genau weiß, wie sie aussehen kann.

Dieser steigende Druck auf die einzelne Führungskraft hängt auch damit zusammen, dass Führung in vielen Organisationen nach wie vor im Sinne der tradierten Führungsdefinitionen als Steuerung von Personen verstanden und gelebt wird. Aktuell wächst die Überzeugung, dass die Zukunftsfähigkeit von Organisationen angesichts volatilerer Marktumfelder, aber auch angesichts veränderter Anforderungen der Mitarbeiterinnen nur gesichert werden kann, wenn nicht mehr der Einzelne, sondern das soziale System als Nukleus der Leistungserbringung begriffen wird. Damit stellen sich auch neue Anforderungen an Führung: »Die Fähigkeit, Teams in ihrer Leistungsfähigkeit erfolgreich zu machen, sie in ihrer Selbststeuerung gekonnt zu unterstützen, ohne dabei auf eine hierarchische Machtposition zurückgreifen zu können, dies wird eine der gesuchtesten Kompetenzen in künftigen Organisationen sein« (Wimmer, 1996, S. 55).

Diese Weiterentwicklung von klassischer Führung in Richtung Selbstorganisationsmodelle ist aus mehreren Gründen anspruchsvoll. Sie fordert von Führungskräften die Bereitschaft, Kontrolle abzugeben und auf die Mitarbeiterinnen zu vertrauen (allen Beratern, Trainerinnen und Coachs seit vielen Jahren aus der Arbeit mit Führungskräften am Thema Delegation vertraut). Sie verlangt Führungskräften aber vor allem ab, ihre vertraute Rolle aufzugeben und sich auf eine neue Rolle einzulassen, die oft für sie noch nicht konturiert und greifbar ist. Bildlich gesprochen, geht es darum, aus einem als sicher und vertraut erlebten Rahmen ins Ungewisse zu springen. Ein in der Diskussion um Agilität häufig zitiertes Beispiel ist der belgische Keksherstellter Poult, der Vorgesetztenrollen und die damit verbundenen Weisungsbefugnisse vollständig abgeschafft hat – die ehemaligen Führungskräfte wurden zu Entwicklungscoachs ihrer Mitarbeiter ohne hierarchische Macht. Auf dieses Modell kann man sich einlassen oder das Unternehmen wechseln – in vielen Organisationen sind die Führungskräfte aber mit dem Selbstwiderspruch konfrontiert, Entwicklungscoachs werden zu sollen, dabei ihre angestammte hierarchische Rolle aber zu behalten, inklusive der damit verbundenen Zuschreibungen und Erwartungen seitens der Mitarbeiter und der eigenen Vorgesetzten.

In Coachingprozessen bleiben jedoch nach wie vor die klassischen Themen salient, etwa eigene Positionierung in der Organisation, Führungsstil, Konfliktbewältigung, Kommunikation in Change-Prozessen,

Work-Life-Balance usw. Im Hinblick auf die Handlungsfähigkeit von Führung unter den Prämissen der VUKA-Welt sind dabei auch die Reflexion des eigenen Führungshandelns im System-Umwelt-Verhältnis und der Aufbau von Kompetenzen zum Umgang mit Komplexität, Ambiguität und Unsicherheit von besonderer Bedeutung – Kriz (2016) spricht in diesem Zusammenhang von »Systemkompetenz«.

In dem Maße, in dem die Suche nach einer zukunftsfähigen Neuausrichtung der Organisation die bisherigen Selbstverständlichkeiten der Führung infrage stellt, nehmen in Coaching und Beratung Klärungsbedarfe in Bezug auf das eigene Führungsverständnis zu.

Coaching ist das personenbezogene Beratungsformat par excellence. Die nachfolgenden Leitfragen für Lern- und Entwicklungsprozesse auf der Personenebene können aber auch für die Konzeption von Personalentwicklungsmaßnahmen hilfreich sein. Das in Kapitel 1.5 vorgestellte Mehrebenenmodell der Führung kann dabei als strukturierender Rahmen dienen.

Ebene 1: Innere Stimmigkeit
- Warum bin ich Führungskraft geworden und was bedeutet es für mich persönlich, ein neues Rollenverständnis entwickeln zu müssen? Wie wirkt sich das auf meine Motivation und mein Selbstwirksamkeitsempfinden aus?
- Wie sollte ich mich selbst führen? (vgl. z. B. das Spotlight 5.7 »Führung und Self Leadership«)
- Wie kann ich mit Unsicherheit umgehen?
- Darf ich mich gegenüber Mitarbeiterinnen/Kollegen/Vorgesetzten unsicher zeigen? Wie kann ich trotz eigener Unsicherheit überzeugen?

Ebene 2: Stimmigkeit der Führungsbeziehung
- Welche Art der Führung erwarten meine Mitarbeiterinnen von mir? Wie passen diese Erwartungen zu meiner Vorstellung von Führung/den Anforderungen, die sich zukünftig an Führung stellen?

- Wie kann ich mit unterschiedlichen Kommunikationspartnern innerhalb der Organisation wirksam und angemessen kommunizieren? (vgl. z. B. das Spotlight 5.2 »Informelle oder laterale Führung«)

Ebene 3: Situative Stimmigkeit
- Welche Ausrichtung von Führung ist in der aktuellen Situation erforderlich? (vgl. z. B. das Spotlight 5.1 »Führen in der Krise«)
- Wie kann ich angesichts der steigenden Komplexität in der Umwelt und innerhalb der Organisation handlungsfähig bleiben?

Ebene 4: Organisationale Stimmigkeit
- Wie muss Führung in unseren spezifischen organisationalen Kontexten gestaltet werden? (vgl. z. B. das Spotlight 5.5 »Virtuelle Führung«)

Ebene 5: Stimmigkeit mit den Zielen
- Was ist heute/zukünftig mein Führungsauftrag?

Ebene 6: Stimmigkeit mit dem Kontext
- Wie kann ich Flexibilität, Reagibilität und Selbstorganisation meines Teams steigern?
- Wie kann ich mit meinem Führungshandeln zur vorausschauenden Selbsterneuerung meiner Organisation beitragen? (z. B. um die Attraktivität als Arbeitgeberin zu steigern)

Ebene 7: Führungsethik
- Wie nehme ich Entwicklungen in der Arbeitswelt wahr und wie möchte ich in meiner Führung darauf reagieren?
- Wie gehe ich mit zunehmendem Zeit- und Leistungsdruck um? Wie kann ich mich selbst und meine Mitarbeiter vor Erschöpfung schützen?

3.2 Die Ebene des Führungsteams

Führung ist das, was in der Organisation als Führung beobachtet wird. Je größer die Organisation und damit die Vielfalt der beobachtbaren Führungsstile werden, desto mehr differenziert sich »die« Führungskultur der Organisation in lokale Mikrokulturen. Der Versuch, Führungskultur zu verändern, ist daher mit unterschiedlichen lokalen Funktionserfordernissen (die Haustechnik muss in einer Universität anders geführt werden als die Verwaltung oder ein Forschungsinstitut), Führungsverständnissen und Führungspraxen konfrontiert. Eine der wichtigsten Erfolgsfaktoren bei der Arbeit an der Führungskultur besteht darin, einen gemeinsamen Entwicklungsprozess mit der Führungsmannschaft zu gestalten, in dem sich Führungskräfte
- auf der gleichen Ebene,
- hierarchieübergreifend und
- in Abstimmung mit Mitarbeitenden und anderen Stakeholderinnen-Gruppen

auf einen gemeinsamen Lernweg begeben, der mit der Selbstreflexion des eigenen Führungshandelns in Differenz zur Systemumwelt beginnt.

In solchen Reflexionszirkeln für Führungskräfte können zukünftige Anforderungen an Führung analysiert werden, um Umweltveränderungen in ihrer Relevanz zu reflektieren und organisationsspezifische Folgerungen abzuleiten. Führungsverständnisse der Beteiligten können abgeglichen und aktuelle Führungsverständnisse diskutiert werden. Es können latente Regeln im Sinne einer Analyse der Ist-Kultur herausgearbeitet werden (hierfür eignen sich gut analoge Methoden wie das Unternehmens- oder Mitarbeitertheater, aber auch handlungsorientierte Lernprojekte; vgl. von Ameln u. Kramer, 2016). Auch lassen sich Maßnahmen entwickeln, um funktionale Regeln zu stärken und sich immer wieder mit dysfunktionalen Regeln zu konfrontieren. Großgruppenveranstaltungen, Fortbildungen, gemeinsame Lernprojekte, Field Visits bei anderen Organisationen usw. können weitere Bausteine in der Prozessarchitektur darstellen.

3.3 Die Ebene der Organisation

Ausgehend von Laloux' in Tabelle 6 wiedergegebenem Modell als Interpretationsfolie, können Organisationen sich weiterentwickeln,
1. indem sie sich auf der jeweiligen Stufe professionalisieren oder
2. indem sie einen Wechsel der kulturellen Muster anstreben, weil sie an die Grenzen des Paradigmas stoßen, in dem sie sich zurzeit befinden.

Das Vorgehen in der Beratung muss darauf Rücksicht nehmen. Natürlich kann Beratung Impulse für eine visionäre Weiterentwicklung der Kultur des Kundinnensystems setzen, nur muss eine solche Weiterentwicklung anschlussfähig sein. Sie braucht die Unterstützung des Topmanagements und es muss sich eine ausreichend große Veränderungsenergie in der Organisation mobilisieren lassen. In der Praxis sind viele kleinere Organisationen nach wie vor bemüht, sich durch die Definition von Strukturen, Rollen, Standards und Abläufen als Organisation im klassischen Modell zu stabilisieren. Hier kann beispielsweise die Arbeit mit Qualitätsmodellen sehr förderlich sein, um die in Organisationen des »Bernstein«-Typs (Laloux, 2015, S. 17 f.) oft ausgeprägte Binnen- und Strukturorientierung durch die Orientierung am Kunden und durch ein Prozessdenken zu ergänzen. Große Organisationen hingegen haben oft klar definierte Prozesse und Standards, kämpfen aber damit, mit der durch ihre Größe entstehenden Überkomplexität umzugehen, einer Erstarrung in Routinen vorzubeugen oder angesichts konfligierender lokaler Rationalitäten die Integration der Organisation sicherzustellen.

In Tabelle 7 sind typische Beratungsthemen innerhalb der von Laloux beschriebenen Paradigmen (linke Spalte) bzw. im Übergang zur nächsten Stufe (rechte Spalte) beispielhaft aufgelistet.

Tabelle 7: Beispiele für Beratungsthemen in den verschiedenen Organisationstypen nach Laloux

Typus	Beispiele für Beratungsthemen zur Professionalisierung innerhalb des Paradigmas	Beispiele für Beratungsthemen mit dem Ziel eines kulturellen Musterwechsels
Traditionelle konformistische Organisationen (Bernstein)	– Einführung/Weiterentwicklung von Führungsinstrumenten (Führungsgrundsätze, Mitarbeiterinnengespräche, Beurteilungsgespräche, Besprechungswesen) – Förderung von Prozessdenken und Ergebnisorientierung, z. B. durch Definition von Prozessen – Schnittstellenmanagement – Qualitätsmanagement – Mitarbeiterbindung	– Kundenorientierung und Kundenzufriedenheit – Führungskräfteentwicklung – Foren des lateralen Austauschs zwischen Führungskräften zur Entwicklung eines gemeinsamen Führungsverständnisses und eines abgestimmten Führungshandelns
Moderne leistungsorientierte Organisationen (Orange)	– Prozessoptimierung – Change Management – Wissensmanagement – Umgang mit Leistungsmängeln – Stressmanagement und Resilienz – Personalentwicklung – Teamentwicklung	– Weiterentwicklung des normativen Managements (z. B. Leitbild-/Kulturentwicklung) – Hierarchie- und professionsübergreifende Reflexionsforen zu Veränderung, Strategie, Performance, Risiko – Diversity Management – Employer Branding
Postmoderne pluralistische Organisationen (Grün)	– Werte und Kultur – Stakeholderinnenmanagement – Innovation und Kreativität – Flexibilisierung	– Vorausschauende Selbsterneuerung – Begrenzte Erprobung agiler Methoden
Integrale evolutionäre Organisationen (Petrol)	– Arbeit am »Betriebssystem«, d. h. an Fragen von Entscheidungsmodi und -kompetenzen – Konsequente Ausrichtung auf den Kunden – Transparenz	– ???

Viele Organisationen arbeiten derzeit an einem Kulturwandel in Richtung Agilität. Häusling und Kahl (2018) beschreiben die folgenden sechs Dimensionen, die auf diesem Weg bearbeitet werden müssen (vgl. Abbildung 8).

- Prozess: Hier steht nicht unbedingt die Einführung der Methoden im Vordergrund, die man mit Agilität assoziiert (z. B. Scrum). Vielmehr geht es darum, sich von Planbarkeitsvorstellungen zu lösen und Prozesse konsequent kundenorientiert, iterativ und inkrementell zu gestalten.
- Struktur: Auf der Strukturebene werden »Silo-Strukturen« aufgelöst und durch netzwerkartige, der Prozesslogik folgende Strukturen ersetzt, wobei der Kunde wiederum den zentralen Bezugspunkt bildet. Hierarchie als Ordnungsprinzip wird durch Selbstorganisation abgelöst, entsprechende Rollen und Zuständigkeiten werden neu definiert.
- Strategie: Auf der Strategieebene muss einerseits eine Sensorik für schwache Signale entwickelt werden, zum anderen müssen sich die Mitarbeiterinnen in intensiven Sense-making-Prozessen immer wieder mit der Strategie auseinandersetzen.
- Führung: Führungskräfte sollen sich als Ermöglicher von Selbstorganisation verstehen. Für agile Führung sind nach Häusling und Kahl (2018, S. 80 ff.) neben der Führungskompetenz im Sinne einer dienenden Führung (siehe Kapitel 2.2) Kompetenzen in den Bereichen agile Methoden, Transformation, Kommunikation, Teamarbeit, Ergebnisorientierung und Selbstführung sowie unternehmerisch-integrative Denk- und Handlungskompetenz vonnöten.
- Human Resources: HR wird zukünftig »als Generalist mit Organisationsentwicklungs- und Transformationskompetenz benötigt und […] muss sich zu einer treibenden Kraft in der Veränderungs- und Prozessbegleitung positionieren« (Häusling u. Kahl, 2018, S. 87). Dies impliziert ein verändertes Rollenbild, aber auch eine andere organisationale Einbindung. Ein Entwurf für interne Beratung als Schlüsselelement des Wandels findet sich in von Ameln (2015).

- Kultur: Die Bewältigung der Herausforderungen durch die Digitalisierung ist in erster Linie eine Kulturfrage, wie die aktuelle Capgemini-Studie (Buvat et al., 2018) zeigt. Hier geht es vor allem um die Stärkung von offener Kommunikation und Vertrauen, um Reflexionsorientierung und Fehlerfreundlichkeit.

Ein Konzept für die Entwicklung hin zur agilen Organisation findet sich in Häusling (2018).

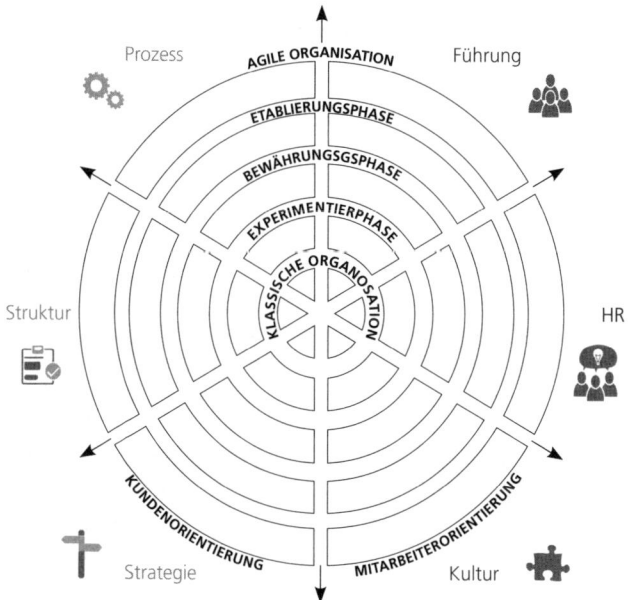

Abbildung 8: TRAFO-Modell (aus Häusling u. Kahl, 2018, S. 50)

Erst langsam setzt sich die Erkenntnis durch, dass es für die Etablierung der Fähigkeit zur vorausschauenden Selbsterneuerung ein ganz anderes Verständnis von Veränderungsmanagement braucht (z. B. Gergs, 2016). Während bis vor wenigen Jahren Veränderungen noch als Projekte mit einem definierten Ende betrachtet wurde, hat man sich heute auf Wandel als Dauerzustand eingestellt. In Zukunft wird es darum gehen, Veränderung und Tagesgeschäft der Führung nicht mehr als zwei parallele Prozesse zu verstehen. Vielmehr wird das Ziel sein, Veränderung als Kerngeschäft der Führung zu begreifen und die Strukturen und Verfahren so zu gestalten, dass die Organisation sich selbst immer wieder neu mit Irritationen versorgt. Beratung steht in diesem Prozess vor der Herausforderung, die Identität der Organisation produktiv zu irritieren, ohne zu starke Abwehrreflexe auszulösen und die Selbstveränderungsfähigkeit der Organisation zu überlasten.

4 Literatur

Ameln, F. von (2015). Interne Beratung – Gegenwart und Zukunft. Ein Plädoyer für interne Beratung als Schlüsselelement der Wandlungsfähigkeit von Organisationen. Gruppendynamik und Organisationsberatung, 46 (1), 5–21.

Ameln, F. von, Heintel, P. (2016). Macht in Organisationen. Denkwerkzeuge für Führung, Beratung und Change Management. Stuttgart: Schaeffer-Poeschel.

Ameln, F. von, Kramer, J. (2012). Macht und Führung. Gedanken zu Führung in einer komplexer werdenden Organisationslandschaft. Gruppendynamik und Organisationsberatung, 43 (2), 189–204.

Ameln, F. von, Kramer, J. (2016). Organisationen in Bewegung bringen. Handlungsorientierte Methoden für die Personal-, Team- und Organisationsentwicklung (2. Aufl.). Berlin: Springer.

Ameln, F. von, Wimmer, R. (2016). Neue Arbeitswelt, Führung und organisationaler Wandel. Gruppe. Interaktion. Organisation. Zeitschrift für angewandte Organisationspsychologie (GIO), 47 (1), 11–21.

Ameln, F. von, Zech, R. (2011). Die Zukunft liegt im Verborgenen. Über latente Organisationsregeln als Schlüsselfaktor gelingenden Change Managements. Organisationsentwicklung, 30 (4), 49–55.

Antoni, C. H., Ameln, F. von (Hrsg.) (2017). Themenheft »Führung und Zusammenarbeit in digitalisierten Arbeitsprozessen«. Gruppe. Interaktion. Organisation. Zeitschrift für angewandte Organisationspsychologie (GIO), 48 (4).

Ayberk, E.-M., Kratzer, L., Linke, L.-P. (2017). Weil Führung sich ändern muss. Aufgaben und Selbstverständnis in der digitalisierten Welt. Wiesbaden: Springer Gabler.

Baecker, D. (2007). Studien zur nächsten Gesellschaft. Frankfurt a. M.: Suhrkamp.

Baecker, D. (2015). Postheroische Führung. Vom Rechnen mit Komplexität. Wiesbaden: Springer.

Bass, B. M., Avolio, B. J. (1994). Improving organizational effectiveness through transformational leadership. Thousands Oaks: Sage.

Blessin, B., Wick, A. (2017). Führen und führen lassen. Konstanz: UVK.

Brückner, F., Ameln, F. von (2016). Agilität. Gruppe. Interaktion. Organisation. Zeitschrift für angewandte Organisationspsychologie (GIO), 47 (4), 383–386.

Buvat, J. et al. (2018). The digital culture challenge: Closing the employee-leadership gap. Capgemini Consulting. Paris. Zugriff am 14.03.2018 unter https://www.capgemini.com/consulting/wp-content/uploads/sites/30/2017/07/dti_digitalculture_report.pdf

Dörr, S., Schmidt-Huber, M., Maier, G. W. (2012). LEAD® – Entwicklung eines evidenzbasierten Kompetenzmodells erfolgreicher Führung. In S. Grote (Hrsg.), Die Zukunft der Führung (S. 415–435). Wiesbaden: Springer Gabler.

Felfe, J. (2009). Mitarbeiterführung. Göttingen u. a.: Hogrefe.

Felfe, J. (Hrsg.) (2014). Trends der psychologischen Führungsforschung. Neue Konzepte, Methoden und Erkenntnisse. Göttingen: Hogrefe.

Gallup GmbH (Hrsg.) (2017). Präsentation zum Gallup Engagement Index 2016. Zugriff am 28.3.2018 unter http://www.gallup.de/183104/engagement-index-deutschland.aspx.

Gergs, H.-J. (2016). Die Kunst der kontinuierlichen Selbsterneuerung. Acht Prinzipien für ein neues Change Management. Weinheim: Beltz.

Groth, T. (2017). 66 Gebote systemischen Denkens und Handelns in Management und Beratung. Heidelberg: Carl-Auer.

Häusling, A. (Hrsg.) (2018). Agile Organisationen. Transformationen erfolgreich gestalten – Beispiele agiler Pioniere. Freiburg: Haufe.

Häusling, A., Kahl, M. (2018). Das TRAFO-Modell zur agilen Organisationsentwicklung. In A. Häusling (Hrsg.), Agile Organisationen. Transformationen erfolgreich gestalten – Beispiele agiler Pioniere. (S. 47–94). Freiburg: Haufe.

Hersey, P., Blanchard, K. H., Johnson, D. E. (2013). Management of organizational behavior. Boston: Pearson.

Jenewein, W., Heidbrink, M. (2008). High-Performance-Teams. Die fünf Erfolgsprinzipien für Führung und Zusammenarbeit. Stuttgart: Schäffer-Poeschel.

Kaltenecker, S. (2015). Selbstorganisierte Teams führen. Arbeitsbuch für Lean & Agile Professionals. Heidelberg: dpunkt.

Keuper, F., Sommerlatte, T. (Hrsg.) (2016). Vertrauensbasierte Führung. Credo und Praxis. Wiesbaden: Springer Gabler.

Korn, H.-P. (2015). Agile Führungskultur. In S. Scherbe, M. Lang (Hrsg.), Agile Führung. Vom agilen Projekt zum agilen Unternehmen (S. 59-93). Düsseldorf: symposion.

Kriz, W. C. (2016). Systemkompetenz für die Führung in Veränderungsprozessen. In O. Geramanis, K. Hermann (Hrsg.), Führen in ungewissen Zeiten. Impulse, Konzepte und Praxisbeispiele (S. 49-66). Wiesbaden: Springer Fachmedien.

Kruse, P., Greve, A. (2014). Führungskultur im Wandel. Kulturstudie mit 400 Tiefeninterviews. Initiative Neue Qualität der Arbeit (Hrsg.). Berlin. Zugriff am 24.01.2018 unter http://www.inqa.de/SharedDocs/PDFs/DE/Publikationen/fuehrungskultur-im-wandel-monitor.pdf?__blob=publicationFile

Kruse, P., Schomburg, F. (2016). Führung im Wandel: Ohne Paradigmenwechsel wird es nicht gehen. In O. Geramanis, K. Hermann (Hrsg.), Führen in ungewissen Zeiten. Impulse, Konzepte und Praxisbeispiele (S. 3-15). Wiesbaden: Springer Fachmedien.

Kuhn, T., Weibler, J. (2012). Führungsethik in Organisationen. Stuttgart: Kohlhammer.

Laloux, F. (2015). Reinventing Organizations. Ein Leitfaden zur Gestaltung sinnstiftender Formen der Zusammenarbeit. München: Vahlen.

Luhmann, N. (1975). Macht. Stuttgart: Enke.

Luhmann, N. (1984). Soziale Systeme. Grundriß einer allgemeinen Theorie. Frankfurt a. M.: Suhrkamp.

Luhmann, N. (2000). Organisation und Entscheidung. Opladen: Westdeutscher Verlag.

Luhmann, N. (2012). Macht im System. Frankfurt a. M.: Suhrkamp.

Malik, F. (2014). Führen – Leisten – Leben. Wirksames Management für eine neue Zeit. Frankfurt a. M.: Campus.

McClelland, D. C. (1975). Power. The inner experience. New York: Irvington.

Minssen, H. (2012). Arbeit in der modernen Gesellschaft. Eine Einführung. Wiesbaden: VS Verlag.

Mintzberg, H. (1979). The structuring of organizations. Englewood Cliffs: Prentice Hall.

Moldaschl, M. (2002). Subjektivierung. In M. Moldaschl, G. G. Voß (Hrsg.), Subjektivierung von Arbeit (S. 23-52). München: Hampp.

Nass, E. (2017). Handbuch Führungsethik. Teil I: Systematik und maßgebliche Denkrichtungen. Stuttgart: Kohlhammer.

Piecha, A., Wegge, J., Werth, L., Richter, P. G. (2012). Geteilte Führung in Arbeitsgruppen – ein Modell für die Zukunft? In S. Grote (Hrsg.), Die Zukunft der Führung (S. 557-572). Berlin: Springer.

Rotzinger, J. (2017). Unternehmen erfolgreich in (die) Zukunft führen. Thesen der digitalen Transformation – am Beispiel der (heute) digitalen Mediengruppe Haufe. Gruppe. Interaktion. Organisation. Zeitschrift für angewandte Organisationspsychologie (GIO), 48 (4), 273–278.

Schilling, J., Mackau, D. (2016). Subjektive Führungstheorien: Wie Vorstellungen über Führung das Führungsverhalten prägen. In Institut für angewandte Arbeitswissenschaft (Hrsg.), 5S als Basis des kontinuierlichen Verbesserungsprozesses (S. 223–233). Berlin: Springer Vieweg.

Schulz von Thun, F. (1998). Miteinander reden: 3. Das »innere Team« und die situationsgerechte Kommunikation. Reinbek: Rowohlt.

Schwarz, G. (2016). Zur Stammesgeschichte der Macht. In F. von Ameln, P. Heintel, Macht in Organisationen. Denkwerkzeuge für Führung, Beratung und Change Management (S. 5–10). Stuttgart: Schaeffer-Poeschel.

Simon, F. B. (2004). Gemeinsam sind wir blöd!? Die Intelligenz von Unternehmen, Managern und Märkten. Heidelberg: Carl-Auer.

Simon, F. B. (2007). Einführung in die systemische Organisationstheorie. Heidelberg: Carl-Auer.

Stippler, M., Moore, S., Rosenthal, S., Dörffer, T. (2011). Führung – Überblick über Ansätze, Entwicklungen, Trends. Gütersloh: Bertelsmann.

Stogdill, R. M. (1974). Handbook of leadership. New York: Free Press.

van Dierendonck, D. (2011). Servant leadership: A review and synthesis. Journal of Management, 37 (7), 1228–1261.

Wernham, B. (2012). Agile Project Management for Government. West Hampstead: Maitland and Strong.

Willke, H. (1989). Systemtheorie entwickelter Gesellschaften. Dynamik und Riskanz gesellschaftlicher Selbstorganisation. Weinheim: Juventa.

Wimmer, R. (1996). Die Zukunft von Führung: Brauchen wir noch Vorgesetzte im herkömmlichen Sinn? Zeitschrift für Organisationsentwicklung, 15 (4), 46–57.

Wimmer, R. (2001). Vorausschauende Selbsterneuerung – Wie sich Organisationen mit lebensnotwendigen Irritationen versorgen. In H. Hinterhuber, H. Stahl (Hrsg.), Fallen die Unternehmensgrenzen? Beiträge zur Außenorientierung der Unternehmensführung (S. 325–338). Renningen: expert.

Wimmer, R. (2008). Interview mit Prof. Dr. Rudolf Wimmer. In B. Krusche, Paradoxien der Führung. Aufgaben und Funktionen für ein zukunftsfähiges Management (S. 74–86). Heidelberg: Carl-Auer.

# 5 Spotlights

5.1 Spotlight: Führen in der Krise[1]

Raimund Gebhardt und Falko von Ameln

In Organisationen spricht man gewöhnlich von Krisen, wenn die Funktionsfähigkeit und Stabilität beeinträchtigt und die Überlebensfähigkeit infrage gestellt ist. Um die Krise abzuwenden, müssen in kurzer Zeit radikale Veränderungen vorgenommen werden.

Ansatzpunkte für Krisencoaching und -beratung

In Krisensituationen lasten auf Führungskräften Unsicherheit und Erfolgsdruck. Alle Betroffenen sind mit großer inhaltlicher Komplexität und hoher Emotionalität konfrontiert. Trotz eigener Betroffenheit und Unsicherheit müssen Führungskräfte in Krisen das erhöhte Sicherheitsbedürfnis der Mitarbeitenden auffangen – eine anspruchsvolle Gemengelage, die die Führungskräfte bewältigen müssen.

Wie sich diese Gemengelage konkret ausprägt, hängt unter anderem von der Art der Krisensituation und der Führungsposition in der Organisation ab. Tendenziell gilt: Geschäftsführungsverantwortung impliziert, dass man das Unternehmen wieder auf Spur bringen und Richtungsentscheidungen treffen muss. Je operativer die Führungs-

---

1 Einige Passagen aus diesem Text wurden bereits veröffentlicht (Gebhardt u. von Ameln, 2016).

verantwortung wird, desto eher ist man umsetzungsverantwortlich und muss die im Management getroffenen Richtungsentscheidungen und ihre zum Teil belastenden Konsequenzen gegenüber den Mitarbeitenden vertreten.

Die folgende Abbildung 1 gibt einen Überblick über mögliche Arbeitsebenen im Krisencoaching:

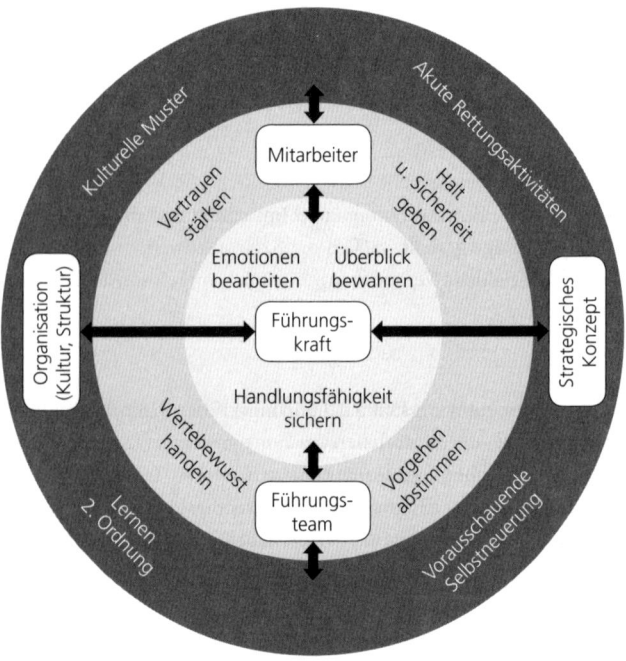

Abbildung 1: Mögliche Arbeitsebenen im Krisencoaching

Depressive Reaktion als Krisenphänomen

Radikale Veränderungen lösen bei den betroffenen Mitarbeiterinnen und Führungskräften Sorgen oder gar Zukunftsängste aus. Man

spricht in diesem Zusammenhang auch von »depressiver Reaktion«[2] – depressiv, weil ein Zustand von ausgeprägter Niedergeschlagenheit beobachtbar ist, und Reaktion, weil der Zustand durch ein äußeres Ereignis ausgelöst wurde. Typische Symptome bzw. Reaktionsmuster sind:
- Abstumpfen, Antriebslosigkeit, Müdigkeit, Abgeschlagenheit
- Innere Unruhe, Schlafstörungen, Sorge um die Zukunft
- Hoffnungslosigkeit, Hilflosigkeit, Ängstlichkeit
- Überbetonte Beunruhigung durch Bagatellstörungen im Bereich des eigenen Körpers
- Minderwertigkeitsgefühle
- Soziale Selbstisolation, Selbstentwertung, übersteigerte Schuldgefühle
- Verringerte Konzentrations- und Entscheidungsfähigkeit
- Reizbarkeit, Aggressivität
- Suchtverhalten

Arbeit auf der Ebene der Führungskraft

Coaching für Führungskräfte kann in einer solchen Situation Entlastung bieten. Mit dem Coach kann man in einem geschützten Rahmen Fragestellungen besprechen, die in einer Krisensituation im Kollegenkreis oft nicht offen besprochen werden können:
- Wie gehe ich selbst mit der Krise und meinen eigenen Unsicherheiten um? Was bedeutet die aktuelle Situation für mich persönlich?
- Was sind meine Fantasien, wie es mit unserer Organisation oder unserem Team weitergeht?
- Welche Führungswerte sind mir wichtig und inwieweit kann ich diese im aktuellen Kontext leben?

---

2 Zu »depressive Reaktion« siehe https://de.wikipedia.org/wiki/Depression (13.09.2017) oder auch unter IDC10/F43 »Reaktion auf schwere Belastung und Anpassungsstörungen« (http://www.dimdi.de/static/de/klassi/icd-10-who/kodesuche/onlinefassungen/htmlamtl2016/block-f40-f48.htm).

- Wie (und gegebenenfalls auch wo) sehe ich meine Zukunft? Welche Alternativen kann ich entwickeln?
- In welchen Abständen oder bei welchen Ereignissen sollte ich mich zurückziehen, um die Situation selbstkritisch – emotional, sachlich und politisch – zu analysieren und Handlungsoptionen abzuwägen?
- Was kann ich für mich allein klären, wo weitet die Reflexion mit Dritten meinen Blick? Wer könnte dabei hilfreich sein?

Der Coach kann dabei verständnisvolle Begleiterin und Orientierungshelferin auf einem persönlich schwierigen und verworrenen Weg sein.

Arbeit auf den Ebenen der Mitarbeiter und des Führungsteams

Ist der Kopf (wieder) freier, kann im Rahmen des Coachings wichtige Sortierarbeit geleistet und Ordnung in eine von Unordnung geprägte Situation gebracht werden. Hier geht es um Fragen wie:
- Welche Führungsaufgaben stellen sich vordringlich? Wo liegen Prioritäten?
  - Wie kann das beste Vorgehen in einer Situation aussehen, in der es nur die Wahl zwischen schlechten Alternativen zu geben scheint?
  - Wie kann ich die Kommunikation mit meinen Mitarbeiterinnen gestalten? Was sollte ich offenlegen, was noch nicht? Wie finde ich die richtige Ansprache? Wie kann ich schlechte Nachrichten oder Richtungswechsel angemessen transportieren?
  - Wo möchte ich meine Mitarbeiter (mit-)entscheiden lassen, wo nicht? Wie ziehe ich die Grenze, sodass sie für die Mitarbeiterinnen klar und akzeptabel ist?
  - Wie kann ich im Kontakt mit meinen Mitarbeitern bleiben und sie bei der Bewältigung ihrer Emotionen unterstützen? Was schaffe ich allein, wo brauche ich Support?

- Bei was und wie lange toleriere ich Stimmungsmache? Wie reagiere ich angemessen, klar und – auch für Dritte – verstehbar bei Grenzüberschreitungen?
- Wie kann ich mit meinen Kolleginnen und meinen eigenen Vorgesetzten in einen Austausch kommen über das gemeinsame Vorgehen?
  - Welche Einschnitte müssen wir vornehmen? Wie wollen wir das angehen?
  - Wie können wir die richtigen Leute an Bord halten?
  - Welche Perspektive, welches Zielbild können wir ihnen aufzeigen?
  - Was müssen wir tun, um glaubhaft zu bleiben?
  - Wie können wir das Zutrauen der (verbleibenden) Mannschaft in das Unternehmen und unser Vorgehen gewinnen?
  - Wie soll die Kommunikation an die Mannschaft aussehen?

Arbeit auf der Ebene von Organisation und strategischem Konzept

In Krisensituationen entsteht häufig ein Tunnelblick – überall scheint es nur noch Probleme und keine Lösungen oder gar Chancen mehr zu geben. Das rührt auch daher, dass zunächst drohende Gefahren kurzfristig aufgefangen und Rettungsaktivitäten gestartet werden müssen. Angesichts dieser »Feuerwehrmaßnahmen« darf die Analyse und Bearbeitung derjenigen Faktoren nicht zu kurz kommen, die erst zur Entstehung der Krise geführt haben. Dazu gehören etwa die mangelhafte Berücksichtigung von Umweltveränderungen, ein zu starkes Festhalten an früher bewährten, heute aber nicht mehr tragfähigen Erfolgsmustern oder zu starre Strukturen und Abläufe.

In dieser Situation kann der Blick von außen dabei helfen, die eigene Perspektive wieder zu weiten, den problemverursachenden Mustern auf die Spur zu kommen und neue Handlungsoptionen zu öffnen. Fragen sind hier beispielsweise:
- Wie haben andere Organisationen (auch aus fremden Branchen) die Herausforderungen, vor denen wir stehen, erfolgreich gelöst?

- Wo bietet der Kontext der Krise einen Anlass und die Chance, »heiße Eisen« anzupacken, für die bislang die Akzeptanz fehlte?
- Wie kann mit oder zumindest nach den ersten Aufräumarbeiten die Krise zum Anlass genommen werden, das Team, den Bereich oder die Organisation robuster aufzustellen?

So sind im Fahrwasser der Krise (schon lange) notwendige kulturverändernde Maßnahmen für Mitarbeiterinnen besser akzeptierbar, sofern sie als Ursache für die aktuelle Situation nachvollziehbar sind und Abhilfe versprechen.

Beispielsweise kann die Krise die Chance bieten, bislang ungenutzte Kreativitätspotenziale der Mitarbeitenden freizulegen und ihre Selbstverantwortung zu aktivieren. Mehr Agilität durch Partizipation – diese Kultur versuchen derzeit viele Unternehmen zu etablieren, um krisenfester zu werden.

Die Krise kann auch genutzt werden, um das Management der Mitarbeiter-Performance stärker in den Fokus zu nehmen. Das kann eine konsequentere Führung derjenigen Mitarbeiterinnen bedeuten, die nicht die erwartbare und erforderliche Leistung erbringen, z. B. durch klarere Formulierung von Erwartungen und gegebenenfalls auf deren Missachtung folgende Sanktionen bis hin zur Trennung von Personen, die bislang »durchgeschleppt« wurden. In vielen Fällen stehen hinter offenkundigen Leistungsmängeln aber auch persönliche Krisen, Burn-out oder Bore-out, Konflikte mit Kollegen oder Spannungen im Verhältnis zwischen Mitarbeiterinnen und Führungskraft. Hier kann das Coaching genutzt werden, um mögliche Ursachen zu ergründen, Strategien zu entwickeln, um mit den betreffenden Mitarbeitern ins Gespräch zu kommen, oder um Motivationsmöglichkeiten zu erarbeiten, z. B. durch Veränderung der Arbeitsaufgaben oder das Gespräch über Entwicklungsperspektiven.

Wie bereits erwähnt, ist es für die mittel- und langfristige Stabilität der Organisation wichtig, im Beratungsprozess die Gründe für die Krise zu identifizieren und zu bearbeiten. Mögliche Leitfragen für die Analyse lauten:

- Wo kam es beim Unternehmen zu strategischen Versäumnissen?
- Inwiefern wurden die aktuellen Probleme durch eine nicht mehr zeitgemäße Organisationsstruktur oder -kultur mitverursacht?

Eine nützliche Denkfigur in diesem Zusammenhang ist das evolutionäre Modell der vorausschauenden Selbsterneuerung (siehe Abbildung 2; Wimmer, 2001). Das Modell lenkt den Fokus auf drei Aufgaben, die sorgfältig gestaltet sein wollen, damit Organisationen robust werden und bleiben können:

1. Variation: An welchen Stellen sollte sich das Management von außen regelmäßig Irritation und Anregung holen, damit es sich infrage stellen kann? Wie sollen diese »Fühler« konkret funktionieren, damit die Irritation nicht verpufft? Das Modell geht von der plausiblen Annahme aus, dass Organisationen Impulse von außen brauchen, um sich selbst zu hinterfragen.
2. Selektion: Wie gestaltet die Führung den Prozess, der aus den Irritationen die richtigen Entwicklungsnotwendigkeiten ableitet? Wie werden die Anregungen auf ihre Relevanz hin bewertet und in Veränderungsimpulse überführt? Die Herausforderung ist, den Selektionsprozess so anzulegen, dass wichtige Impulse nicht durch politische Strömungen oder Falschbewertungen herausgefiltert werden, sondern den Selektionsprozess überleben.
3. Restabilisierung: Wie fließen Veränderungsimpulse systematisch und nachhaltig in Prozesse und Strukturen ein? Wie wird sichergestellt, dass die betroffenen Akteurinnen mitziehen? Soziale Systeme wie Unternehmen tendieren dazu, ihre Routinen zu bewahren. Umso hilfreicher ist es, neben operativen Routinen auch Veränderungsroutinen zu etablieren, die die selektierten Impulse aufgreifen und umsetzen.

Im Coaching kann angeregt werden, im Strategiekonzept die Idee der vorausschauenden Selbsterneuerung aufzugreifen und die Strategiearbeit als Lernprozess anzulegen. Neben dem Formulieren und Aktualisieren der Strategien sollte auch der Lernbedarf auf einer

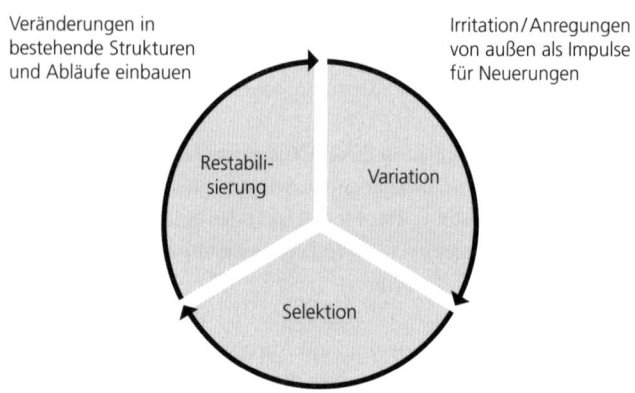

Abbildung 2: Modell der vorausschauenden Selbsterneuerung (eigene Darstellung, nach Wimmer, 2001)

höheren Ebene in den Blick genommen werden, z. B. mit folgenden Fragen:
- Wie kommen strategische Entscheidungen zustande? Ist das Vorgehen im strategischen Management noch zukunftsfähig?
- Sind unsere Nahstellen zur Außenwelt noch die richtigen? Bekommen wir damit die wichtigen Trends noch mit – und das schnell genug?
- Wie wird über nötige Struktur- und Prozessveränderungen entschieden?
- Muss das Führungsteam noch schneller, entscheidungsfreudiger, veränderungssensibler werden? Was muss dafür – beispielsweise in der Zusammenarbeit – verändert werden?

In der Fachliteratur wird diese Ebene oft als »Organisationslernen zweiter Ordnung« bezeichnet. Coaching kann dabei unterstützen, solche Perspektiven aufzudecken und die Umsetzung dieser herausfordernden und sensiblen Wege gemeinsam zu beschreiten, ohne dass dabei unnötige Kollateralschäden verursacht werden.

Weiterführende Literatur

Gebhardt, R., Ameln, F. von (2016). Führen in der Krise – Teil 1: Mitarbeiter durch die Krise führen. Anregungen (nicht nur) für das mittlere Management. TRANSkript 11/2016. Zugriff am 27.11.2017 unter http://www.profil-concept.net/images/profilconcept/PDFs/TRANSkript-Prof-Con-FuehrenInDerKrise-2016_11.pdf

Goldfuß, J. W. (2015). Führen in Krisen- und Umbruchzeiten. Wie Sie Ihre Mitarbeiter motivieren und fit für die Zukunft machen. Wiesbaden: Springer Gabler.

Groth, A. (2016). Führungsstark im Wandel. Change Leadership für das mittlere Management (3. Aufl.). Frankfurt a. M.: Campus.

Saur, F., Ellebracht, H. (2014). Führen in schwierigen Zeiten. Tools und Tipps für Führungskräfte und Coaches. Wiesbaden: Springer Gabler.

Wimmer, R. (2001). Vorausschauende Selbsterneuerung – Wie sich Organisationen mit lebensnotwendigen Irritationen versorgen. In H. Hinterhuber, H. Stahl (Hrsg.), Fallen die Unternehmensgrenzen? Beiträge zur Außenorientierung der Unternehmensführung (S. 325–338). Renningen: expert.

Wimmer, R. (2007). Die bewusste Gestaltung der eigenen Lernfähigkeit als Unternehmen. In N. Tomaschek (Hrsg.), Die bewusste Organisation. Steigerung der Leistungsfähigkeit, Lebendigkeit und Innovationskraft von Unternehmen (S. 39–62). Heidelberg: Carl-Auer.

Wimmer, R., Nagel, R. (2014). Systemische Strategieentwicklung. Modelle und Instrumente für Berater und Entscheider. Stuttgart: Schaeffer-Poeschel.

Zu den Autoren

Raimund Gebhardt, Organisationsberater und Inhaber von Profil-Concept, hat Betriebswirtschaftslehre an der Universität Mannheim mit Spezialisierung auf Marketing, Organisation und Wirtschaftspsychologie studiert. Zusatzausbildungen: Psychodrama-Leiter (DFP/

DAGG), Spontanschauspiel (Galli), Systemische Organisationsberatung (Simon, Weber and Friends).

Falko von Ameln, Priv.-Doz., Dr. phil., Diplom-Psychologe, Organisationsberater mit Schwerpunkt Change Management, Führung und Weiterbildung von Beratern, ist Supervisor/Coach (DGSv) und Mitglied der Ausbildungsleitung beim BASTA Fortbildungsinstitut für Supervision und Coaching e. V. Leipzig. Habilitation mit venia Beratungswissenschaft. Er nimmt Lehraufträge zu Beratung und Führung an verschiedenen Hochschulen wahr und ist Editor-in-Chief von »Gruppe. Interaktion. Organisation. Zeitschrift für angewandte Organisationspsychologie (GIO)«.

5.2 Spotlight: Informelle oder laterale Führung

Jürgen Hansel

Informelle Führung (oft auch laterale Führung genannt) ist Führung ohne Weisungsbefugnis, ohne formale Kompetenzen und oft auch ohne den Anspruch, zentrale Entscheidungen für das Team zu treffen. Das heißt: Ein Mitglied des Unternehmens erhält den Auftrag, Personen zu führen, deren Vorgesetzter er nicht unbedingt ist – die zu führenden Mitarbeiterinnen können sogar ranghöher sein.

Laterale Führung kommt auf verschiedenen Ebenen vor: auf der reinen Arbeitsebene, z. B. in Projekten oder projektähnlichen Prozessen, interdisziplinären Arbeitsgruppen, in Kollegialgremien zum Beispiel auf Vorstands-/Präsidialebene oder gar firmenübergreifend, wie in Projektgesellschaften oder Arbeitsgemeinschaften. Wir sprechen also über Rollen wie: Projektmanager, Leiterin interdisziplinärer Arbeitsgruppen auf verschiedenen Ebenen in Unternehmen, Scrum Master im agilen Umfeld, Change Managerin etc. All diesen Rollen ist gemeinsam, dass die Rolleninhaber keine bzw. nur geringe Weisungsbefugnisse oder andere formale Führungskompetenzen haben und dennoch Teams mit unterschiedlichen Spezialistinnen oder Mitarbeitern verschiedenster Bereiche und/oder hierarchischer Ebenen eines Unternehmens führen sollen, um einen konkreten Auftrag auszuführen. Und das auf Zeit.

Warum findet diese Form der Führung immer mehr Verbreitung in Unternehmen?

In den letzten Jahren haben sich Unternehmen und Arbeitsstrukturen in den Unternehmen drastisch verändert. Waren früher die Unternehmen tayloristisch strukturiert mit klarer Aufgabenverteilung, klaren Entscheidungskompetenzen und deutlichen Team-, Abteilungs- bzw. Bereichsgrenzen, sind heute netzwerkartige, interdisziplinäre Arbeitsprozesse überlebensnotwendig. Es muss über Bereichsgrenzen, Hierarchiestufen oder gar firmenübergreifend kooperiert werden, um den Auftrag zu erfüllen. Informelle Führung stützt sich dabei bewusst nicht auf Weisungs- und Entscheidungsbefugnisse. Andere Macht- bzw. Beeinflussungsmittel stehen im Vordergrund. Warum? Hätte eine Führungskraft das Sagen, wäre die Gefahr zu groß, dass singuläre Interessen z. B. eines Bereichs Entscheidungsprozesse dominieren, andere Bereiche sich dadurch zurückgesetzt fühlen und die Kooperation verweigern. Mal ganz abgesehen davon, dass viele Themen heutzutage so komplex sind, dass eine Führungskraft schon genial sein müsste, um geforderte fachliche Entscheidungen allein fällen zu können. Informelle Führungskräfte sind also weniger Entscheiderinnen als Prozessgestalter, die die Kooperation und die gemeinsame Entscheidungsfindung anleiten sollen, um damit die Akzeptanz von Innovationen und deren Umsetzung sicherzustellen. Führung ist dabei allerdings mehr als nur Koordination oder Moderation. Bei lateraler Führung stehen Sinnstiftung und das Schaffen gemeinsamer Visionen im Vordergrund.

Diese Form der Führung ist aber noch aus anderen Gründen derzeit sehr in Mode:

1. In unserer »agilen Zeit« müssen Organisationen unter hoher Unsicherheit ein hohes Maß an Innovationsprozessen anstoßen. Hierarchische Strukturen und damit auch das Modell der hierarchischen Führung sind auf Langfristigkeit und Stabilität angelegt; entsprechend tendieren sie eher zur Bewahrung des Bestehenden als zur Innovation. Innovation fordert dagegen *Flexibilität.* Informelle Führung bietet diese Flexibilität. Auch im ganz praktischen Sinne: Informelle Führungskräfte sind relativ schnell ernannt und genauso schnell auch wieder abgesetzt. Man kann ihre Rollen sehr unterschiedlich ausgestalten, sodass sie viel oder wenig Freiraum haben. Man kann sie eng an die Hierarchie anbinden (und damit auch viel Unterstützung/Kontrolle durch die Hierarchie gewährleisten) oder die Hierarchie auch gerade bewusst ausschließen. Auch die Zuordnung der Mitarbeiterinnen kann flexibel gestaltet werden.
2. Informelle Führung passt für die oft zitierte Generation Y in unserer Zeit. Die junge Generation der Mitarbeiter möchte schnell *Verantwortung* übernehmen. Viele sind dabei nicht an dem Status »Führungskraft« interessiert. Sie wollen inhaltliche Herausforderungen, etwas Neues schaffen, Freiraum haben, auch mal unkonventionelle Wege gehen. Eine hierarchische Rolle würde da eher als Einengung empfunden werden. In vielen Unternehmen und Situationen kann man spüren, wie schnell die Übergabe einer informellen Führungsrolle und der damit verbundenen Verantwortung die Motivation der Mitarbeiterinnen immens steigert. Für viele Menschen ist die Möglichkeit, Verantwortung zu übernehmen, Motivationsmittel Nummer eins. Lange Diskussionen über Maßnahmen zur Steigerung von Motivation und Begeisterung könnten durch die Schaffung von informellen Rollen in Unternehmen und ihre professionelle Ausgestaltung und Begleitung durch die Hierarchie überflüssig werden.
3. Und noch eine Ergänzung zum Thema Kultur in Unternehmen: Insgesamt hat man zurzeit das Gefühl, dass die Mitarbeiter mehr Mitspracherecht einfordern. Das gilt nicht nur für diejenigen, die sich für eine informelle Führungsrolle interessieren.

Das Konzept der informellen Führung kommt diesem Bedürfnis entgegen, da sich mit ihm auch die Rolle der übrigen Teammitglieder verändert. Da keine Entscheiderin mehr die absolute Führung übernimmt, wird von den *Teammitgliedern* mehr »*Mit-Führung*« erwartet. Siehe dazu die Methoden und Anregungen, die die Scrum-Methodik im agilen Projektmanagement anbietet.

Welche Anforderungen werden an eine informelle Führungskraft gestellt?

Es gibt verschiedene Aspekte, die sich eine Führungskraft in der Hierarchie bewusst machen sollte, wenn sie eine informelle Führungsrolle einrichten möchte. Diese Aspekte sind aber auch für die Aspiranten der Rolle interessant.

Die Mitarbeiterin, die eine informelle Führungsrolle übernehmen soll, muss *genügend Zeit* erübrigen können, um diese Rolle auszufüllen. Liest sich wie eine Banalität – in der Realität findet sich jedoch häufig die Situation vor, dass ein Mitarbeiter seine Führungsaufgabe quasi nebenbei erledigen soll und damit scheitert, weil er im Spannungsfeld zwischen Tagesarbeit und Anforderungen der informellen Rolle aufgerieben wird.

Nur mit einem gewissen Maß an *Führungswillen* bei der Kandidatin kann diese Rolle sinnvoll gelebt werden. Mitarbeiter, die die fachliche Arbeit lieben und der Auseinandersetzung mit Menschen eher aus dem Weg gehen, werden es in dieser Rolle schwer haben. Nicht selten treten dann Machtkonflikte und Konkurrenzsituationen mit Teammitgliedern auf.

Die Mitarbeiterin, die diese Rolle übernimmt, sollte sich der *neuen Rollenanforderungen bewusst sein.* Was heißt das? Die neue Führungsrolle verlangt mir ein anderes Selbstverständnis ab als meine bisherige Mitarbeiterrolle. Zum Beispiel muss ich als Projektleiter andere Aspekte eines Projektes im Auge haben als eine Projektmitarbeiterin. Man kann dies vergleichen mit den Rollen eines Regisseurs und einer Schauspielerin: Ein Regisseur achtet auf ganz andere Aspekte im Entstehungsprozess eines Films als eine Schauspielerin. Wenn ein Schauspieler Regisseur wird, helfen ihm zwar seine Kenntnisse als Schauspieler, aber er muss lernen, seinen Fokus auf ganz andere Aspekte zu legen.

In vielen Beratungsprozessen fällt auf, dass ein Großteil der Konflikte in interdisziplinären Arbeitsgruppen, Projekten oder Ähnlichem daraus resultiert, dass der Auftrag nicht klar ist bzw. dass ein unterschiedliches Verständnis bei den Beteiligten darüber besteht. Die Führungskraft hat vielleicht gesagt: »Kümmern Sie sich doch mal um …!« Aber keiner hat sich die Mühe gemacht, diesen Auftrag zu hinterfragen, zu konkretisieren oder gar dafür zu sorgen, dass im Team und bei den Stakeholdern, bei der Auftraggeberin ein *gemeinsames Verständnis für den Auftrag* existiert.

Viele informelle Führungskräfte wünschen sich mehr Weisungsbefugnisse. Ihre Hoffnung ist, dass sie sich so besser durchsetzen können, die Konflikte im Team reduziert werden und der Erfolg zum Beispiel eines Projektes eher sicherzustellen ist. Das liegt daran, dass als *Führungsmodell* für die Mehrzahl der Mitarbeiter die konventionelle, hierarchische Führung dient. Andere Modelle gibt es oft nicht, weder im Erfahrungsschatz des Einzelnen noch in der Kultur der Unternehmen. Solche Rollen und das Verständnis für diese Rollen müssen in einem Unternehmen erst mit der Zeit entwickelt werden. Es ist – sowohl für die potenziellen Inhaberinnen informeller Rollen als auch für die Führungskräfte in der Hierarchie und natürlich für die Mitarbeitenden – ein Lernprozess, der beinhaltet, wie solche Rollen aussehen, wie sie zusammenwirken und wie sie konkret im Alltag umgesetzt werden können. Dieser Lernprozess ist nicht trivial. In manchen Unternehmen hat er z. B. bei der Einführung von Projektmanagement und damit der Projektleiterrolle das untere Management schon in tiefe Sinnkrisen geführt, nach dem Motto: Was machen wir dann noch?

Hilfreich ist dabei, wenn es *bestimmte methodische Vorgaben und Modelle* gibt, die im Unternehmen allgemein akzeptiert und vermittelt und im weiteren Verlauf gelebt werden: von den lateralen Führungskräften, der Hierarchie und den Mitarbeiterinnen. Sie müssen wissen, dass zum Beispiel in einem Projekt Führung durch den Projektleiter anders aussieht als Führung in einer festen Gruppe durch die Gruppenleiterin und dass Nichtentscheidung nicht Führungsschwäche bedeutet, sondern ein notwendiges Stilmittel der lateralen Führung sein muss. Teamorientierte Führung ist zwar nicht antiautoritäre Führung, aber sie ist keinesfalls Führung im herkömmlichen Sinne von oben nach unten, wie sie noch in hierarchisch strukturierten Organisationen praktiziert wird. Besonders günstig ist es natürlich, wenn, wie im agilen Projektmanagement, eine allgemein anerkannte Methodik im Unternehmen eingeführt wird, die diese Art der Führung unterstützt.

Zur Übernahme einer informellen Führungsrolle gehört auch ein weiterer Aspekt, der für viele eine ganz besondere Herausforderung darstellt: die Perspektivität der eigenen Wahrnehmung. Im Laufe der Zeit hat man sich zu eigen gemacht, Themen aus der Sicht des eigenen Teams, des eigenen Bereichs oder der eigenen Profession (IT-Experte, Marketing-Spezialistin etc.) zu reflektieren. Die neue Führungsrolle verlangt aber Objektivität, Neutralität oder – wie Gunther Schmidt es gern treffend formuliert: *Allparteilichkeit*. Das neue Führungsverständnis verlangt, dass alle sich einbringen und mich als Führungskraft akzeptieren, auch wenn ich nicht die herkömmlichen Machtmittel anwenden kann. Das tun Menschen in der Regel aber nur, wenn sie sich sicher sein können, dass ihre Anliegen auch gut bei mir aufgehoben sind, dass ich diese Anliegen wertschätze und sie gleichberechtigt mit anderen, d.h. *auch meinen eigenen Anliegen* behandle. In meiner informellen Rolle muss ich mir also bewusst sein, wann ich meine eigenen Interessen bzw. die Interessen meines Herkunftsbereichs oder meiner eigenen Profession vertrete und wann ich in der Führungsrolle bin und sicherstellen muss, dass eine Entscheidung unter Berücksichtigung aller Interessen gemeinsam entwickelt wird. Als informelle Führungskraft bin ich da gegebenenfalls nur in einer moderierenden, verhandelnden Rolle. Informelle Führungskräfte, die das nicht berücksichtigen, klagen häufig darüber, dass sie nicht von allen Teammitgliedern als Führungskraft akzeptiert werden bzw. dass es ihnen schwerfällt, Kompromisse zu entwickeln und einen Konsensprozess anzuleiten. Sie müssen sich bewusst machen, dass sie mit zwei Rollen in dem Team wirken: Sie sind Teammitglied und Vertreter eines Bereichs, aber auch allparteilicher Projektleiter. Es gibt auch laterale Rollen, wie z. B. die der Scrum Masterin, die bewusst ausschließen, dass die Inhaberin der Rolle auch im Projekt mitarbeitet, um diese Neutralität sicherzustellen.

Weiterführende Literatur

Fürstberger, G., Ineichen, T. (2017). Commitment gewinnen als laterale Führungskraft. Freiburg: Haufe-Lexware.

Gruber, A. (2017). Kreuz und quer: Top-down, Bottom-up und laterale Führung in Organisationen. In H. Roehl, H. Asselmeyer (Hrsg.), Organisationen klug gestalten. Das Handbuch für Organisationsentwicklung und Change Management (S. 219–224). Stuttgart: Schäffer-Poeschel.

Hofbauer, H., Kauer, A. (2014). Einstieg in die Führungsrolle. Praxisbuch für die ersten 100 Tage; mit Interviews aus der Praxis (5., erw. Aufl.). München: Hanser. Darin: Kapitel 6 »Laterale Führung. Führen ohne formale Macht«, S. 183–202.

Kühl, S. (2016). Laterales Führen. Eine kurze organisationstheoretisch informierte Handreichung. Wiesbaden: Springer Fachmedien.

Stöwe, C., Keromosemito, L. (2013). Führen ohne Hierarchie – Laterale Führung. Wie Sie ohne Vorgesetztenfunktion Teams motivieren, kritische Gespräche führen, Konflikte lösen. Wiesbaden: Springer Fachmedien.

Zum Autor

Jürgen Hansel, Diplom-Kaufmann, ist als externer Berater, Trainer und Coach tätig. Seine Themenschwerpunkte sind Projektmanagement, Projekt-, Organisations- und Führungsberatung sowie Team-Coaching. Er ist Inhaber der Unternehmensberatung MANAGEMENT VISION KÖLN und gibt sein Wissen seit 1990 als selbständiger Berater, Coach, Supervisor und Buchautor weiter.

5.3 Spotlight: Führen in der Sandwichposition

Andreas Steinhübel

Gequetscht und nicht gedrückt – so fühlen sich viele Führungskräfte in der mittleren Managementfunktion. »Alle wollen was von mir und zerren an mir und meinen Nerven«, dies wird als eines der Hauptprobleme in der sogenannten Sandwichposition beschrieben. Unternehmen haben hohe Erwartungen an diese Leitungsrollen. Sie sollen:
- das Ohr am Mitarbeiter haben,
- mit Empathie die Stimmung positiv mitgestalten,
- Entscheidungen des Topmanagements umsetzen,
- eigene Impulse setzen,
- der »Kitt« der Organisation sein.

Führungskräfte in der Sandwichposition stehen unter Druck, weil sie auf der einen Seite die Ansprüche ihrer Vorgesetzten zu erfüllen haben und auf der anderen Seite die Erwartungen ihrer eigenen Mitarbeiterinnen wahrnehmen.

»Dem mittleren Management unterstellen wir, sie seien aus sich selbst heraus motiviert und könnten sich schließlich die notwendige Rückmeldung selbst organisieren«, gab ein Personalleiter selbstkritisch zu. Viele Führungskräfte erleben die mit dieser Position einhergehenden Rollenerwartungen als Einengung ihrer Flexibilität. Sie erleben sich eingekesselt im Geflecht unterschiedlicher Ansprüche, Wünsche und Aufträge. Außerdem haben viele Personen gerade in dieser Ebene gelernt, sich anzupassen und für Leistung ein »stilles Lob« zu bekommen.

In der Arbeit mit dieser Führungsgruppe liegt in der Klärung von äußeren und inneren Aufträgen ein nützlicher Hebel für Veränderungen.

Ein Fallbeispiel

Besonders heikel ist es für Verantwortungsträgerinnen in der mittleren Managementposition, wenn sie Entscheidungen umsetzen müssen, hinter denen sie selbst nicht hundertprozentig stehen. So berichtet Ulrich Müller (Name geändert), Abteilungsleiter eines mittelständigen Kabelherstellers: »Als ich das neue IT-System einführen musste, wusste ich, dass ich zwischen Baum und Borke stehe. Zum einen konnte ich die übergeordnete Firmenentscheidung durchaus nachvollziehen, da für die meisten Bereiche das neue System Vorteile mitbringt. Aber eben nicht für meinen Verantwortungsbereich. So sah ich mich vor dem Team stehen, die genau um meine Einschätzung wussten. Denn schließlich wurde von uns immer Offenheit und Authentizität verlangt. Sollte ich mein Team nun anlügen und das neue System als großartige Chance verkaufen oder ganz ehrlich meine Bedenken äußern?«

Dieses Dilemma ist durchaus typisch fürs Sandwich: zum einen ganz nah dran am Team zu sein und zum anderen die übergeordneten unternehmerischen Interessen zu vertreten. In einer kollegialen Beratungsrunde mit Führungskräften haben wir folgenden Weg herausgearbeitet:

»Wie ihr wisst, habe ich durchaus meine Bedenken dem neuen System gegenüber geäußert. Wie bei jeder Veränderung will auch ich dem Ansatz eine echte Chance geben und hierzu brauche ich einfach eure Unterstützung. Die übergeordnete Entscheidung ist nach Firmengesichtspunkten getroffen. Wir können nun die Umsetzung aktiv mitgestalten, damit der Übergang mit möglichst wenig Reibung vonstattengeht. Meine Verantwortung besteht nun darin, euch bestmöglich dabei zu unterstützen …«

In aktuellen Organisationskonzepten finden wir die Sandwichposition in allen Branchen und Größen. Wagen wir einmal einen Quervergleich ins Tierreich: Gibt es hier eine ähnliche Position und was könnten wir hieraus gegebenenfalls lernen? Zunächst können wir festhalten, dass es bei Tieren, die in Gruppen leben, immer eine Form von Hierarchie gibt. Welches Tier hier oben an der Spitze steht, ist definiert durch Alter, Größe, Geschlecht und Stärke. Ein mittleres Management entsteht dabei zwischen den ranghöchsten und rangniederen Tieren. Wir haben also auch im Tierreich eine vergleichbare Position, die wir als mittlere Führungsebene beschreiben können.

Hierarchie im Wolfsrudel

Ein Wolfsrudel weist eine komplexe Sozialstruktur und eine klare Hierarchie auf. Es wird von einem männlichen und einem weiblichen *Alphatier* geführt. Ein Modell, das wir in Unternehmen äußerst selten finden. Der *Betawolf* kann als »Bereichsleitung« betrachtet werden und ist für die operativen Geschäfte verantwortlich. So werden Sanktionen nicht vom Alphawolf umgesetzt, sondern an den Betawolf delegiert. Dieser hat die Verantwortung für die Einhaltung der Gruppenregeln. Der Betawolf ist der strenge »Erbsenzähler«, während der Leitwolf freundlich und tolerant ist. Er ist der »Charismatiker«, der Konflikte schlichtet und sich für das Rudel in Gefahr begibt. Dadurch hält er das Rudel zusammen und bezieht seine Autorität. Schließlich existiert im Rudel noch der *Omegawolf*. Er steht zuunterst in der Hierarchie und nimmt die Rolle des Sündenbocks ein. Die anderen Wölfe reduzieren Konflikte untereinander, indem sie ihren Unmut nicht ins Team tragen, sondern den Omegawolf zum Aggressionsabbau benutzen. Ein undankbarer Job!

Wir sehen also: Im Wolfsrudel hat das mittlere Management die Funktion, die Leitwölfe zu stabilisieren, um somit sowohl das strategische Ganze als auch die Einhaltung von Recht und Ordnung zu unterstützen.

Bei Gorillas gilt: omnipräsenter Silberrücken

Ähnlich wie bei den Wölfen wird eine Gruppe von Gorillas von einem *Alphatier*, dem Silberrücken, geführt. Es handelt sich hierbei um das älteste, erfahrenste und stärkste Tier. Der Silberrücken sorgt für Ordnung, verteidigt die Gruppe gegen Bedrohungen und prägt die Nachkommenschaft. Während Gorillas in ihrer Jugendzeit Grenzen ausloten und für Unruhe sorgen, entwickelt sich beim Silberrücken ein großes Verantwortungsbewusstsein. Menschliche »Silberrücken« (Geschäftsleiter) sind mit einer hohen Exekutivmacht ausgestattet. Sie verfügen in der Regel über große Erfahrung, können den Markt gut einschätzen und bestimmen die Nachfolge von Kaderpositionen. Folgende Handlungsstrategien lassen sich daraus ableiten: Finden Sie eine stimmige Balance aus Kooperation und Konkurrenz. Positionieren Sie sich deutlich, empfehlen Sie sich durchaus für übergeordnete Machtpositionen und konzentrieren Sie sich gleichzeitig auf die Erfüllung der aktuellen kooperativen Aufgabe.

Aus dem Werkzeugkoffer

Um die Dynamik des Führungssystems zu verdeutlichen rege ich eine einfache Visualisierungstechnik an. Sie können dazu gut Moderationskarten nutzen, die Sie knicken, damit diese auf einem Tisch stabil stehen können. Bitten Sie die Führungskraft, mit einer relevanten Playerin aus ihrem sozialen System zu starten. Das kann beispielsweise ihr direkter Vorgesetzter sein. Auf die Karte schreibt sie dann: Name, Funktion, drei Schlagworte, die diese Person beschreiben (Hinweis: nicht politisch korrekt sein, sondern gern auch »blöder Hund«), sowie ihre Vermutung auf die Frage: »Was erwartet die Person von mir?«.

Dies wird zunächst mit allen wichtigen Personen aus Sicht der Führungskraft fortgesetzt. Die Führungskraft selbst darf dabei nicht fehlen. Auch sie selbst beschreibt sich mit drei Schlagworten und auch die Frage »Was erwarten Sie von sich selbst in Ihrer Sandwichfunktion?« wird beantwortet.

Nun werden diese Personen auf einem Tisch aufgestellt. Dabei gilt es, Nähe und Distanz mit unterschiedlichen Abständen zu verdeutlichen. Dies gilt der Klärung des Gesamtsystems und der Veranschaulichung des Erwartungsgeflechts. Die Lösungsfrage am Ende lautet dann: Welchen Erwartungen wollen Sie in welcher Form begegnen? Bei welchen Punkten grenzen Sie sich gezielt ab? Welche Koalitionen gehen Sie bewusst ein? Welche auch nicht?

Als positive Selbststärkung können folgende Fragen dienen: Was würde passieren, wenn es Sie als Funktion nicht gäbe? Worin sind Sie richtig gut? Wozu sind Sie wirklich wertvoll für die Organisation? Was könnten Sie noch ausbauen, damit es noch nützlicher für andere wäre? Was könnten Sie noch vermeiden, damit es Ihnen selbst noch besser geht?

Hinweise für das mittlere Management

Auftragsbälle klären

Arbeiten im mittleren Management bedeutet, gut ein Drittel seiner Zeit mit der Klärung von expliziten und impliziten Aufträgen zu verbringen. Diese Zeit ist gut investiert, da Sie es ansonsten mit unausgesprochenen oder falsch vermuteten Erwartungen zu tun bekommen. Typische Bälle, die Führungskräften im Sandwichalltag zugespielt werden: »Das machen Sie schon!«, »Haben Sie mal grad kurz Zeit für mich?«, »Jetzt, wo ich Sie mal zu fassen kriege …«

Das Ganze ist oft gepaart mit dem chronisch schlechten Gewissen, es nie allen recht machen zu können. Denn selten haben mittlere Führungskräfte genug Zeit für alle Anforderungen. Hier kann das Triple-A-Modell der Auftragsklärung hilfreich sein, das oft als einfacher Schlüssel für mehr Strukturklarheit dient und damit echte Entlastung bringt.

- **Anliegen**: Gelegentlich werden Aufträge von oben nach unten vergeben, ohne dass die Aufgabe klar umrissen ist. Stellen Sie zielgerichtete Fragen, sodass klar wird, was konkret erreicht werden soll: Was veranlasst uns zum Handeln? Was genau ist die Ausgangssituation?
- **Anfrage**: Fragen Sie nach, was bei diesem Auftrag die genauen Erwartungen an Sie als Führungskraft sind. Erkundigen Sie sich auch

danach, in welchem Fall Ihre Auftraggeberin von Ihnen enttäuscht wäre: Was ist genau Ihre Anfrage an mich dabei? Was sehen Sie als meine Aufgabe dabei?
- **Abmachung**: Was können wir nun festhalten? Was kann ich zusagen? Was auch so nicht?

Servicehaltung differenzieren

Viele Personen in der Sandwichposition denken zuerst an andere und lassen dabei die eigenen Bedürfnisse außer Acht. Ähnlich wie ein Kellner, der den Gästen die Wünsche von den Augen abliest. Diese Servicehaltung ist löblich, doch sie führt oftmals in die Überlastung. Überprüfen Sie einmal selbst, wie oft Sie ein freundliches »Ja gern, kein Problem« mit einem eher unterwürfigen Lächeln an den Tag legen. Gerade nonverbale Signale stabilisieren Verhaltensmuster und Status – hier wirkt eine kleine Veränderung oftmals Wunder. Führungskräfte können etwa lernen, beim nächsten Auftragsball, den sie zugeworfen bekommen, ein, zwei Sekunden zu zögern. Zusätzlich helfen die vier Positionierungsfragen:
1. Wofür will ich stehen?
2. Was ist mit mir machbar?
3. Was auch nicht?
4. Mit was will ich in diesem Unternehmen mittelfristig verbunden werden? Also was sollen andere über mich berichten?

Feedback als Geschenk

Trotz der viel propagierten Offenheit bekommt gerade das Topmanagement auch in aktuellen Organisationen wenig Feedback. Hier kommt den Führungskräften aus dem mittleren Management eine wichtige differenzierende Funktion zu, indem sie Feedback offen und ehrlich anbieten. Feedback ist dabei ein Geschenk, was angenommen werden kann, aber nicht muss. Hierzu einige Arbeitshinweise:
- Bieten Sie Ihr Feedback immer im geschützten Vier-Augen-Rahmen an: »Mir sind einige Punkte aufgefallen, zu denen ich Ihnen meine Sicht anbieten möchte …«

- Fragen Sie, wann es am besten passt: »Wann würde ein kurzes Gespräch für Sie gut passen?«
- Formulieren Sie klar, knapp und deutlich: »Was mir in Ihrer Präsentation richtig gut gefallen hat, war …«, »Irritiert hat mich folgende Formulierung …«
- Bleiben Sie bei Ihrer Sicht und machen Sie dies deutlich: »Aus meiner persönlichen Sicht …«
- Erwarten Sie nicht, dass die Empfängerin das Feedback umsetzt: »Mir ist einfach wichtig, Ihnen meine Sicht nicht vorzuenthalten …«

Fazit

Der Sandwichposition kommt auch in modernen Organisationskonzepten eine wichtige Funktion zu. Sie bildet die Brücke zwischen dem Management und den Mitarbeitern, kann somit Bedarfe und Bedürfnisse zielführend regulieren.

Weiterführende Literatur

Comelli, G., Rosenstiel, L. v. (2003). Führung durch Motivation. Mitarbeiter für Organisationsziele gewinnen (3., erw. und überarb. Aufl.). München: Vahlen.

Dick, S. J., Wegst, G., Dick, I. (2017). Wertschätzung – Wie Flow entsteht und die Zahlen stimmen. Impulse und Praktiken zur Gestaltung gelingender Zusammenarbeit. München: Vahlen.

Groth, A. (2013). Führungsstark in alle Richtungen. 360-Grad-Leadership für das mittlere Management (3., aktual. Aufl.). Frankfurt a. M.: Campus.

Neuberger, O. (2015). Das Mitarbeitergespräch: Praktische Grundlagen für erfolgreiche Führungsarbeit (6. Aufl.). Wiesbaden: Springer.

Steinhübel, A. (2010). Führen in der Sandwich-Position. Chancen erkennen und den Überblick behalten. Berlin: Cornelsen.

Zum Autor

Andreas Steinhübel, Jahrgang 1970, ist Diplom-Psychologe, Systemischer Organisationsberater (WIBK), Senior-Coach (DBVC) und Geschäftsführer der Steinhübel Coaching GmbH. Seit 1996 entwickelt er als Lösungspartner Führungskräfte und Organisationen weiter. Dabei arbeitet er sowohl mit Familienunternehmern als auch mit Dax-Konzernen wie Audi und Volkswagen zusammen. In der Akademie-Steinhübel gibt er sein Wissen und seine Erfahrung weiter.

5.4 Spotlight: Führung von Digital Natives

Stephan Fischer und Anja Schmitz

(Mindestens) zwei große Herausforderungen für Unternehmen

Aktuell ist die Unternehmensumwelt geprägt durch eine hohe Veränderungsdynamik. Auswirkungen globaler Megatrends, wie z. B. fortschreitende Digitalisierung und Entwicklung zur Industrie 4.0, führen dazu, dass Geschäftsmodelle hinterfragt, aber auch die Art der Zusammenarbeit und der Führung angepasst werden müssen (Fischer u. Häusling, 2017). In der Inwelt von Unternehmen hat sich dazu eine Diskussion um die Zukunft der Arbeit (»New Work«) entwickelt. Im Fokus steht dabei die Ablösung unflexibler Arbeitsmodelle durch neue Formen der Zusammenarbeit, welche hohe Grade an Selbstbestimmung und (Handlungs-)Freiheit, die Teilhabe an der Gemeinschaft sowie sinnerfüllte Arbeit ermöglichen (Hackl, Wagner, Attmer u. Baumann, 2017). Eine besondere Bedeutung bekommen diese Veränderungen, weil sie parallel mit der Zunahme an Digital Natives in Unternehmen stattfinden.

Die Digital Natives in Unternehmen

Als Digital Natives werden Mitglieder der Generation Y (geboren 1981–1995) und Z (geboren 1993–2005[1]) bezeichnet, die in einer Welt mit digitalen Technologien aufgewachsen sind (Klaffke, 2014).

Längere Zeit sind Studien davon ausgegangen, dass sich Mitglieder innerhalb dieser Generationen in ihren Werten sehr ähnlich sind (Glass, 2007). Typische Zuschreibungen waren dabei unter anderem: ein hohes Interesse an Flexibilität bei der Arbeit, Work-Life-Balance und Entwicklungsmöglichkeiten; Suche nach interessanten, herausfordernden und abwechslungsreichen Arbeitsaufgaben; Fordern von Feedback und Anerkennung; Wunsch nach teamorientiertem Arbeitsumfeld; Unterstützung durch Vorgesetzte (individuelle und emotionale Führung) sowie eine Kommunikation auf Augenhöhe (Kunze, 2013).

Mittlerweile verdichten sich Befunde, dass nicht von einer Generation »Digital Natives« mit homogenen Werten ausgegangen werden kann, sondern sich eine starke Individualisierung und Pluralisierung von Lebensstilen und daraus resultierenden Erwartungshaltungen zeigt (Kruse, 2012). Je nach Studie werden zwischen zwei und sieben verschiedene Subgruppen unterschieden (Fischer, Weber u. Zimmermann, 2015). Daher soll hier diejenige Gruppe innerhalb der Digital Natives betrachtet werden, die am stärksten durch die Verwendung von Technologie und sozialen Medien geprägt ist. Aus unterschiedlichen Forschungsbefunden kristallisieren sich für die Einstellung dieser Mitarbeiter zu Technologie und Zusammenarbeit folgende Merkmale heraus (Buder, Schreiner u. Neus, 2017; Prensky, 2001):

a) Technologie: hohe Affinität zu digitalen Technologien, vorrangige Nutzung mobiler Endgeräte und sozialer Medien zur ständigen Erreichbarkeit und Kommunikation.

---

[1] Die genaue Abgrenzung der Geburtsjahrgänge unterscheidet sich zwischen Autorinnen und betrachteten Nationen (Cogin, 2012).

b) Zusammenarbeit: Präferenz für digitale Formen der Zusammenarbeit und hohe Konnektivität; starkes Interesse an Teamorientierung, Partizipation und Co-Creation in flachen Hierarchien; Suche nach (sofortigem) Feedback und Geben von Feedback an Führungskräfte, Arbeitgeberinnen, Kollegen; hohe Erwartungen an Transparenz; durch Konsumenten-Erfahrungen geprägte hohe Erwartungen an die Erlebnisqualität von Interaktionen in der Organisation.

Führungskräfte stehen somit vor der Herausforderung, ihren Führungsstil zu hinterfragen, um sowohl den Organisationsanforderungen im Zuge von Digitalisierung und New Work gerecht zu werden als auch den Bedürfnissen der Digital Natives. Welche empirisch fundierten Modelle können Führungskräfte nutzen, um diese Herausforderung zu meistern?

Aktuelle Führungsansätze

In der Literatur stellen neuere Führungskonzepte die Interaktion zwischen Führungskraft und Mitarbeiterinnen in den Fokus und berücksichtigen emotionale Aspekte der Führung, um intrinsische Motivation und Entwicklung der Mitarbeiter sowie ihre Eigenverantwortung zu unterstützen. Die Aufgabe der Führung verschiebt sich zunehmend von unidirektionaler (vertikaler) Anweisung hin zu geteilter Verantwortung für partnerschaftlich erzielte Ergebnisse. Drei einflussreiche Konzepte sollen hier herausgegriffen werden, deren Wirksamkeit für die skizzierte Veränderungssituation bereits belegt werden konnte.

Transformationale Führung

Ein bereits gut untersuchtes Konzept ist die »transformationale« Führung (Bass, 1985), die darauf abzielt, Werte und Einstellungen der Mitarbeiterinnen zu verändern. Durch die Identifikation mit der Führungskraft und den übergeordneten Zielen erbringen Mitarbeiter Leistungen jenseits des Erwarteten. Darüber hinaus werden auch die individuellen Bedürfnisse und persönliche Weiterentwicklung der Mitarbeiterinnen berücksichtigt: Mitarbeiter werden angeregt, gewohnte Denk- und Verhaltensmuster, Prozesse etc. infrage zu stellen. Sie werden ermächtigt, ihre Ideen eigenverantwortlich umzusetzen und Neues zu erproben, um ihre Fähigkeiten weiterzuentwickeln. Vier Komponenten zeichnen die transformationale Führung aus: idealisierter Einfluss, inspirierende Motivierung, intellektuelle Stimulierung und individualisierte Wertschätzung. Die Effektivität transformationaler Führung konnte mittlerweile durch viele Studien belegt werden (Felfe, 2006). Auf dieser Basis wurden weitere Modelle spezifiziert.

Empowering Leadership

Empowering Leadership (Pearce et al., 2003) zielt auf die »Ermächtigung« der Mitarbeiterinnen. Die Führungskraft ermöglicht und unterstützt die eigenverantwortliche Aufgabenerfüllung und schafft den Mitarbeitern Freiräume zur Erbringung kreativer Leistungen. Sie fördert insbesondere die Selbstverwirklichung, Autonomie und Selbstbestimmung, wodurch sich unter anderem die intrinsische Motivation der Mitarbeiterinnen erhöht. Explizit thematisiert wird dabei das Teilen von Macht, Wissen und Kontrolle zwischen Führungskraft und Mitarbeitern. Zentrale Führungsaufgabe ist es, den Rahmen zu schaffen, in dem sich Mitarbeiterinnen selbst führen. Positive Effekte des Empowering Leaderships konnten vor allem bei hohem Entwicklungsgrad der Mitarbeiter und in Situationen hoher Komplexität und Dynamik nachgewiesen werden (Tuckey, Bakker u. Dollard, 2012). Erfolgskritisch sind zwei Dimensionen des Führungsverhaltens: Motivation und Ermöglichung eigenverantwortlichen Handelns sowie Unterstützung der Mitarbeiterinnen in ihrer kontinuierlichen Entwicklung. Beides gelingt nur, wenn Führungskräfte Interesse und Bereitschaft dazu mitbringen.

Shared Leadership

Shared Leadership verschiebt den Fokus von der einzelnen Führungskraft und ihrem Verhalten auf das gesamte Team: Führung wird zum dynamischem Prozess, in dem Teammitglieder zur Zielerreichung Einfluss aufeinander ausüben. Führungsverantwortung und -aufgaben werden wechselseitig übernommen bzw. auf das ganze Team verteilt (Pearce u. Sims, 2000). Die geteilte Führung unterscheidet sich somit von Konzepten, in denen eine einzelne Person die Führungsrolle und -verantwortung allein übernimmt. Neben einem auf Empowerment ausgerichteten Führungsverhalten der beteiligten Personen wurden in der Literatur jeweils auf Ebene der Aufgabe, der Gruppe und der Organisation Faktoren identifiziert, die sich günstig auf geteilte Führung auswirken (Pearce u. Sims, 2000). Zwar hat sich bisher noch keine einheitliche Definition für Shared Leadership herausgebildet, dennoch weisen Untersuchungen bereits auf positive Ergebnisse hin, wie z. B. auf die Effektivität von Teams (Wang, Waldman u. Zhang, 2014).

Fazit: Erkenntnisse aus neueren Führungsansätzen für die Führung von Digital Natives

Untersucht man die in den neueren Führungsansätzen beschriebenen Verhaltensweisen von Führungskräften nun auf ihre Passung zu den Erwartungen der Digital Natives, können folgende Aspekte hervorgehoben werden:
- Die *transformationalen* Verhaltenskomponenten der inspirierenden Motivierung, intellektuellen Stimulierung und individualisierten Wertschätzung gewinnen an Bedeutung: Digital Natives schätzen sinnstiftende Arbeit und Herausforderungen sowie auf sie zugeschnittene Wertschätzung. Die inspirierende Motivierung gerät jedoch dort an ihre Grenzen, wo Mitarbeitende sich nicht über die Vereinbarungen hinaus für die Organisation engagieren wollen bzw. Arbeit nicht mehr als der zentrale Lebensinhalt definiert wird. Die Dimension des idealisierten Einflusses verliert an Stimmig-

keit, da hier die idealisierte Führungskraft noch zu sehr im Fokus der Aufmerksamkeit steht. Das widerspricht den Erwartungen der Digital Natives an partizipative Zusammenarbeit auf Augenhöhe.
- Erwartungen an transparente und kollaborative Zusammenarbeit können am besten durch *Empowering Leadership* abgebildet werden. Insbesondere die transparente Weitergabe von Information und umfassende Aufgabendelegation werden zu wichtigen Führungselementen. Ebenso wichtig bleiben die Beratung und die Förderung der Selbstwirksamkeit der Mitarbeiter.
- Bei hoch entwickelten Teams bietet darüber hinaus *Shared Leadership* einen auf die Bedürfnisse der Digital Natives zugeschnittenen Ansatz: Teams, die sich durch hohe Grade an Nähe, Reife und Vertrauen auszeichnen, können mittels technologisch unterstützter Zusammenarbeit ein hohes Maß an Transparenz erzeugen und gemeinsam Verantwortung übernehmen.

Handlungsempfehlungen

Für die Führung von Digital Natives sind kooperativ-delegative Konzepte besonders geeignet. Aus der aktuellen Literatur lassen sich empirisch untermauerte Verhaltensweisen für das Führungshandeln ableiten, die jeweils einen Teilaspekt der Erwartungen der Digital Natives erfüllen. Die Einführung dieser Konzepte und Verhaltensweisen kann jedoch nur gelingen, wenn sowohl die personale als auch die organisationale Ebene berücksichtigt werden. Eine Anpassung des Führungshandelns erfordert neben dem Aufbau individueller Kompetenzen (Können) auch die Herausbildung einer neuen Haltung (Wollen) und muss zudem im Organisationskontext erwünscht und möglich sein (soziales Dürfen und Sollen sowie situative Ermöglichung) (von Rosenstiel, 2011). Konkret ergeben sich daraus für Beratung und Coaching folgende zu beachtende Punkte:
1. Analysieren Sie die technologischen, räumlichen, kulturellen und strukturellen Gegebenheiten sowie aktuell genutzte Managementsysteme und -prozesse in der Organisation: Stehen die Technolo-

gien zur Vernetzung bereit und wird eine Mobile-First-Strategie zur Nutzung in allen Zusammenarbeits- und Managementprozessen umgesetzt? Ist die Veränderung des Führungsverhaltens in der Organisation gewünscht?

2. Speisen Sie Ihre Beratungsarbeit aus den zentralen Erkenntnissen der drei beschriebenen Führungsmodelle: Es gibt nicht einen Führungsstil für Digital Natives. Führungskräfte sollten vielmehr darin unterstützt werden, sich ein Repertoire an Verhaltensweisen zu erarbeiten, das alle Komponenten der drei genannten Führungsmodelle umfasst und somit situationsspezifisch eingesetzt werden kann, um den verschiedenen Bedürfnissen gerecht zu werden.
3. Thematisieren Sie in einem ganzheitlichen Ansatz sowohl notwendige Haltungsanpassungen als auch Kompetenzerweiterungen.
4. Regen Sie eine differenzierte Betrachtung der Digital Natives jenseits eindimensionaler Stereotype an und unterstützen Sie die Entwicklung ehrlichen Interesses an deren unterschiedlichen Bedürfnissen.
5. Analysieren Sie bereits vorhandene Ressourcen zum Aufbau von Vertrauen und heben Sie die Bedeutung wertschätzenden Vertrauens als Grundprinzip des Führungsverhaltens hervor.
6. Fördern Sie die Auseinandersetzung mit dem Teilen von Macht und Kontrolle und der daraus möglichen Kooperation auf Augenhöhe und Selbstorganisation der Gruppe.
7. Thematisieren Sie die Folgen für die Führungsrolle: Worin besteht der (wahrgenommene) Wertbeitrag der Führungskraft, wenn sich die Rolle und die Aufgabe verändern?
8. Regen Sie zum Aufbau von Technologiekompetenz an.

Wenn sich die aktuellen Entwicklungen in ähnlichem Maße fortsetzen, werden zukünftig Arbeitsformen überwiegen, in denen selbstständige Arbeitnehmerinnen ihre Arbeitskraft selbstbestimmt in Netzwerke einbringen (»digitales Nomadentum«). Die Auseinandersetzung mit den bereits heute existierenden Anpassungsbedarfen ist dabei ein wichtiger Schritt zur Transformation der Praxis.

Weiterführende Literatur

Bass, B. M. (1985). Leadership and performance beyond expectations. New York: Free Press.

Buder, F., Schreiner, T., Neus, A. (2017). Global Perspectives Barometer 2017 – Voices of the Leaders of Tomorrow: A Lifestyle of Controlled Transparency. GfK Verein & St. Gallen Symposium. Zugriff am 15.03.2018 unter http://www.gfk-verein.org/sites/default/files/medien/359/dokumente/global_perspectives_barometer_2017_web.pdf

Cogin, J. (2012). Are generational differences in work values fact or fiction? Multi-country evidence and implications. International Journal Of Human Resource Management, 23 (11), 2268–2294.

Felfe, J. (2006). Transformationale und charismatische Führung – Stand der Forschung und aktuelle Entwicklungen. Zeitschrift für Personalpsychologie, 5 (4), 163–176.

Fischer, S., Häusling, A. (2017). Agilität und die Zukunft der Arbeit. In S. Werther, L. Bruckner (Hrsg.), Arbeit 4.0 aktiv. Die Zukunft der Arbeit zwischen Agilität, People Analytics und Digitalisierung. Wiesbaden: Springer.

Fischer, S., Weber, S., Zimmermann, A. (2015). Talentmanagement 2020: Die Generation Y im Unternehmen. In J. Gutmann, K. Schwuchow (Hrsg.), Personalentwicklung 2016: Themen, Trends, Best Practices (S. 257–366). Freiburg: Haufe.

Glass, A. (2007). Understanding generational differences for competitive success. Industrial and Commercial Training, 39, 98–103.

Hackl, B., Wagner, M., Attmer, L., Baumann, D. (2017). New Work: Auf dem Weg zur neuen Arbeitswelt. Management-Impulse, Praxisbeispiele, Studien. Wiesbaden: Springer.

Klaffke, M. (Hrsg.) (2014). Generationen-Management. Konzepte, Instrumente, Good-Practice-Ansätze. Heidelberg: Springer.

Kruse, P. (2012). Zukunft der Führung – kompetent, kollektiv oder katastrophal? Zugriff am 29.08.2017 unter http://www.youtube.com/watch?v=nDhwsNyWdVA

Kunze, F. (2013). Werte der Digital Natives – Führungs- und Anreizsysteme angemessen ausgestalten. Zeitschrift Führung + Organisation, 4, 232–236.

Pearce, C. L., Sims, H. P. (2000). Shared leadership: Toward a multi-level theory of leadership. In M. Beyerlein (Ed.), Advances in interdisciplinary studies of work teams (pp. 115–139). Vol. 7. Greenwich: Emerald Group Publishing.

Pearce, C. L., Sims, H. P., Cox, J. F., Ball, G., Schnell, E., Smith, K. A., Trevino, L. (2003). Transactors, transformers and beyond. A multimethod development of a theoretical typology of leadership. Journal of Management Development, 22 (4), 273–307.

Prensky, M. (2001). Digital natives, digital immigrants. On the Horizon, 9 (5). Zugriff am 18.03.2018 unter https://edorigami.wikispaces.com/file/view/PRENSKY+-+DIGITAL+NATIVES+AND+IMMIGRANTS+1.PDF

Rosenstiel, L. v. (2011). Grundlagen der Organisationspsychologie: Basiswissen und Anwendungshinweise (7., überarb. Aufl.). Stuttgart: Schäffer-Poeschel.

Tuckey, M. R., Bakker, A. B., Dollard, M. F. (2012). Empowering leaders optimize work conditions for engagement: A multilevel study. Journal of Occupational Health Psychology, 17, 15–27.

Wang, D., Waldman, D. A., Zhang, Z. (2014). A meta-analysis of shared leadership and team effectiveness. Journal of Applied Psychology, 99 (2), 181–198.

Zu den Autoren

Dr. Stephan Fischer ist Professor für Personalmanagement und Organisationsberatung an der Hochschule Pforzheim. Dort leitet er als Studiendekan den Master Human Resources Management und ist Direktor des Instituts für Personalforschung. Praktische Erfahrungen sammelte er in leitender Funktion in den Bereichen Personal und Beratung. Als wissenschaftlicher Beirat unterstützt er die HR Pioneers GmbH in Köln sowie die O+P Consult GmbH in Heidelberg.

Dr. Anja Schmitz ist Professorin für Personalmanagement/Human Resources Management an der Hochschule Pforzheim. Sie forscht und lehrt zu den Themen Führung, Employee Experience und Eignungsdiagnostik. Nach ihrem Studium der Arbeits- und Organisationspsychologie (Universität Heidelberg, Louisiana State University, USA) war sie als Organisationsberaterin und in verschiedenen Human-Resources-Positionen in der pharmazeutischen Industrie tätig.

5.5 Spotlight: Virtuelle Führung

Nils Christian Sauer und Simone Kauffeld

Was sind virtuelle Teams?

Digitalisierung und Globalisierung schreiten unaufhaltsam voran, was zur Auflösung klassischer Arbeitsplätze führt. Durch den digitalen Wandel werden neue Arbeitszeitmodelle und -formen nicht nur möglich (wie z. B. Vertrauensarbeitszeit oder Homeoffice), sondern auch zunehmend von der Mehrheit der Beschäftigten gewünscht (Gesamtmetall, IG-Metall, VDMA u. ZVEI, 2017). Zusätzlich verändern sich Teamstrukturen, virtuelle Arbeitsbeziehungen nehmen zu. So kommt es immer häufiger vor, dass ein Teammitglied vor Ort ist, ein anderes im Homeoffice, während ein weiteres beim Kunden im Ausland arbeitet. Als virtuelle Teams werden flexible Arbeitsgruppen standortverteilter und ortsunabhängiger Mitarbeiterinnen bezeichnet, die auf der Grundlage von gemeinsamen Projekten und Zielen ergebnisorientiert geschaffen werden und informationstechnisch vernetzt sind (Konradt u. Hertel, 2002). Um eine Zusammenarbeit über die Grenzen des Büros, der Region sowie des Landes hinweg zu ermöglichen, findet die *Kommunikation via modernster digitaler Technologie* statt (z. B. über Telefonkonferenzen oder WebEx-Meetings; vgl. Kauffeld, Handke u. Straube, 2016). Obwohl das Phänomen der verteilten Teamarbeit bereits in den späten 1990er Jahren entstand, setzt sich erst jetzt der Trend durch, virtuelle Zusammenarbeit nicht nur als Notlösung für Ausnahmesituationen zu betrachten, sondern direkt virtuelle Teams aufzubauen. Dadurch entwickeln sie sich vermehrt zu einer dauerhaften Organisationsform, die spezifische Herausforderungen für die Führungskraft und ihre Art der Führung stellt.

Was ist virtuelle Führung?

Die zentrale Herausforderung virtueller Teamarbeit ist die Bewältigung der Distanz und der damit verbundenen Folgen (Boos, Hardwig u. Riethmüller, 2017). Diese umfassen neben dem steigenden Anteil mediengestützter Kommunikation die Einschränkung der Intensität sozialer Interaktionen, größere soziale und kulturelle Diversität sowie schwächere soziale Bindungen zwischen den Teammitgliedern.

Basierend auf diesen Herausforderungen haben Boos und Kollegen (2017) vier Dimensionen der Distanz identifiziert:
1. *Delokalisierung:* Die physische Entfernung zwischen den Teammitgliedern beeinflusst die Möglichkeiten gleichzeitiger Aktivitäten und die Häufigkeit von Kontaktaufnahmen.
2. *Medienvermittelte Kommunikation:* Der Anteil der Kommunikation via digitaler Technologien beeinflusst den Stellenwert von Face-to-Face-Kommunikation.
3. *Diversität:* Die Vielfalt individueller Charakteristika wie Alter und Geschlecht, sozialer Merkmale wie Status sowie kultureller Werte und Normen beeinflusst die Interaktion und das gegenseitige Verständnis der Teammitglieder.
4. *Netzwerkorganisation der Arbeit:* Die Einordnung in den organisationalen Kontext beeinflusst die Möglichkeiten zum Aufbau von Vertrauen und festen sozialen Beziehungen im Team.

Unabhängig von den Rahmenbedingungen virtueller Teams ist effiziente Teamarbeit nicht ohne Führung oder geteilte Führung (vgl. Kauffeld, Sauer u. Handke, 2017) möglich, da Aufgaben organisiert, Wissen geteilt und der soziale Zusammenhalt gefördert werden müssen. Basierend auf den vier Dimensionen der Distanz benötigen Führungskräfte spezifische Kompetenzen, um virtuelle Teams effizient managen zu können:
1. *Delokalisierung:* Räumliche Distanz führt zu Vertrauensverlust (Bos, Olson, Gergle, Olson u. Wright, 2002). Dabei spielt Ver-

trauen eine elementare Rolle für virtuelle Teams, da es die Motivation der räumlich verteilten Teammitglieder fördert (Brahm u. Kunze, 2012). Um eine hohe individuelle Motivation sicherzustellen, ist es daher wichtig, Ziele zu haben, die für jedes Teammitglied von Bedeutung sind. Zudem müssen die Teammitglieder das Gefühl haben, einen bedeutsamen Beitrag zum Ziel beizusteuern.

2. *Medienvermittelte Kommunikation:* Die effektive Nutzung digitaler Medien setzt eine hohe Konkretheit und Präzision der Kommunikation voraus. Dies macht eine hohe Passung zwischen Aufgabe und Medium nötig, die allerdings in der virtuellen Zusammenarbeit nicht immer möglich ist (Newlands, Anderson u. Mullin, 2003). Daher ist der ausschlaggebende Faktor zur Kompensation einer schlechten Passung die Anpassung der Kommunikation an die Rahmenbedingungen des Mediums (Riethmüller u. Boos, 2011). So müssen in textbasierten Medien kommunikative Stimuli, die durch Mimik (wie z. B. Stirnrunzeln) kommuniziert werden, explizit verbal ausgedrückt werden. Die bewusste Auseinandersetzung mit den zur Verfügung stehenden Kommunikationsmedien muss daher gefördert und vorgelebt werden, sodass den Teammitgliedern die Notwendigkeit und die Möglichkeiten der Kompensation bekannt sind und von ihnen angewendet werden.

3. *Diversität:* Eine hohe Diversität bringt eine Vielzahl an Herausforderungen mit sich, darunter Fach- und Fähigkeitsunterschiede, verschiedene kulturelle Wert- und Normvorstellungen sowie Persönlichkeitsunterschiede. Dies kann vor allem in der Kommunikation zu Problemen führen, da meist eine gemeinsame Sprach- und Wissensbasis fehlt (Janneck, 2008). Zusätzlich zu den klassischen kommunikativen Missverständnissen erhöht die Heterogenität in virtuellen Teams das Konfliktpotenzial durch die Vielfalt individueller Eigenschaften. Darüber hinaus ist die Gefahr von Missverständnissen durch technische Störungen und Übermittlungsfehler sowie automatische Prozesse des Kommunikationsmediums (z. B. die falsche Darstellung von Smileys) deutlich gesteigert. Dies kann vor allem problematisch werden, wenn das technische Ver-

sagen bestimmten Teammitgliedern angelastet wird. Wie bereits erwähnt spielt die Passung von Medium und Aufgabe eine weitere bedeutsame Rolle. Die Vorteile der Diversität müssen daher betont und potenziellen Nachteilen muss vorgebeugt werden, um eine positive Gruppendynamik zu erzeugen. Dabei ist es vor allem wichtig, Konflikte früh zu erkennen, indem ein offenes und explizites Kommunikationsklima gefördert wird.
4. *Netzwerkorganisation der Arbeit:* Durch die zunehmende Zusammenarbeit mit Kunden und Lieferantinnen sind Unternehmen immer mehr in Netzwerken strukturiert. Teams sind dadurch meist nicht mehr abgeschlossene Arbeitsgruppen, sondern agieren in Netzwerken mit externen Partnern, sodass der Koordinationsaufwand steigt und die Mitarbeiterinnen einer Informationsflut ausgesetzt sind. Zur Eindämmung der Informationsflut werden explizite und verbindliche Regeln benötigt. In Netzwerkorganisationen arbeiten viele Mitarbeitende in mehreren Projekten, sodass sie ständig zwischen verschiedenen Kontexten und Aufgaben hin- und herwechseln müssen, was zu Überlastung und gesteigertem Stressempfinden führen kann. Die Teammitglieder müssen daher spezifisch für die Ziele ihres Teams begeistert und für eine intensive Zusammenarbeit motiviert werden. Auch Führungskräfte leiten zunehmend mehrere virtuelle Teams gleichzeitig. Daher müssen sie ihren Führungsstil an das jeweilige Team anpassen und kurzfristig zwischen verschiedenen Stilen wechseln können.

Handlungsempfehlungen für erfolgreiche virtuelle Führung

Sensibilisierung für die Attraktivität virtueller Teamarbeit

Distanz wird als zentrale Herausforderung für virtuelle Führung gesehen. Die Zunahme der Führung auf Distanz verringert jedoch die Attraktivität der Führungsrolle unter Managern (ComTeam AG, 2012). Als Hauptgründe werden die hohe Abhängigkeit von funktionierender Technik sowie die dadurch erschwerte Kommunikation und Häufung von Missverständnissen genannt. Dadurch sehen sich Führungskräfte mit einem Verlust von Identifikation und Commitment der räumlich verteilten Teammitglieder konfrontiert und erleben ihre Führung häufiger als ineffektiv.

Aufgabe bei der Beratung und dem Coaching von Führungskräften ist es daher, die Vorteile und Attraktivität virtueller Teams hervorzuheben (Cohen u. Gibson, 2003). So bietet virtuelle Kooperation ein hohes Potenzial an Synergieeffekten. Wenn die Vielfalt an Wissen, Expertise und Informationen effektiv gebündelt werden kann, verschafft es klare Wettbewerbsvorteile. Die virtuelle Kommunikation hat einen demokratisierenden Effekt, sodass die Reduktion von Hierarchien und Flexibilisierung der Arbeitsbedingungen das Innovationspotenzial erhöhen. Eine explizite und sachbezogene Kommunikation kann Beziehungskonflikte verringern und damit die Produktivität steigern. Führungskräfte, die es schaffen, virtuelle Teams als effiziente und produktive Leistungsträger im Unternehmen zu etablieren, werden daher als Vorreiterinnen gesehen, die am Puls der Zeit sind und sich durch eine zukunftsgerichtete Blickrichtung auszeichnen. Zudem werden sie als Innovationstreiber wahrgenommen, die Potenziale in Produktivität übersetzen können.

Sensibilisierung für die spezifischen Anforderungen an virtuelle Führung

Um virtuelle Teams erfolgreich führen und koordinieren zu können, benötigen Führungskräfte spezielles Wissen über die Zusammenarbeit auf Distanz. Dabei hat sich ein kooperativer und delegativer Führungsstil als Erfolgsfaktor für das Managen von virtuellen Teams herauskristallisiert (Krystek, Redel u. Reppegather, 1996). Die Führungskraft muss dafür sensibilisiert werden, die Selbstorganisation der räumlich verteilten Teammitglieder zu fördern und somit die intra- bzw. interorganisationale Flexibilität und Anpassungsfähigkeit des Teams sicherzustellen. Bei virtueller Führung steht nicht primär die direkte Verhaltenssteuerung der Teammitglieder im Fokus, sondern die Gestaltung, Kommunikation und Interpretation der vielfältigen Optionen der virtuellen Arbeitswelt. Die Führungskraft muss für die räumlich verteilten Teammitglieder die Voraussetzungen schaffen, damit sie sich frei entfalten und ihre Fähigkeiten optimal nutzen können. Zu diesen Voraussetzungen gehört es, klare Ziele festzulegen und feste Absprachen zu treffen. Führungskräfte müssen daher gemeinsame Ziele mit dem Team entwickeln und die Zielerreichung konstant begutachten. Gleichzeitig muss die Führungskraft den Zusammenhalt und soziale Prozesse (soziales Faulenzen, Trittbrettfahren) monitoren, um Leistungsminderungen zu verhindern. Insgesamt sollte die Führungskraft also dafür sensibilisiert werden, die Rolle der Gestalterin, des Coachs und der Förderin einzunehmen anstatt die des Aufgabenzuweisers und der Kontrolleurin (Reichwald u. Bastian, 1998).

Sensibilisierung für die Relevanz einer ausgeprägten Feedbackkultur

In räumlich verteilten Teams fehlt nonverbales Feedback (wie z. B. freundliches Zunicken im Flur). Positives Feedback hat jedoch eine hohe Relevanz für Teamarbeit, da es das Selbstvertrauen der Teammitglieder stärkt. Gerade wenn die Zielstellung im Vorhinein unkonkret war, was in virtuellen Teams häufig vorkommt, ist Feedback wichtig, damit die Teammitglieder die eigene Leistung einordnen können, motiviert sind und ihren Beitrag zur Zielerreichung leisten. Daher muss Feedback explizit und bewusst erfolgen. Die Führungskraft sollte dafür sensibilisiert werden, alle medialen Kanäle (E-Mail, Telefon, Online-Meetings etc.) für Feedback zu nutzen. So kann sie vorhandene Instrumente einsetzen, um wertschätzendes Feedback zu integrieren (z. B. am Ende jedes Online-Meetings oder im Monatsreport an das Team). Rückmeldungen sollten in regelmäßigen Abständen und auf konkrete Themen bezogen werden, damit sie eine nachhaltige Wirkung haben. So sollte die Führungskraft nicht nur vereinzelt individuelle Rückmeldungen geben, sondern positives Feedback transparent für das gesamte Team machen, um dadurch das Vertrauen untereinander zu fördern.

Sensibilisierung für Unterstützungssysteme virtueller Führung

In der Teamforschung ist etabliert, dass die Handlungsbedingungen ein wesentlicher Faktor für erfolgreiche Teamarbeit sind (Hackman,

2002). Wie beschrieben sind in virtuellen Teams vor allem Vertrauen und Kommunikation kritische Voraussetzungen. Dabei besteht zwischen diesen beiden ein enger Zusammenhang. So hält Vertrauen ein Team zusammen. Jedoch entsteht es nicht automatisch – vor allem wenn weite Entfernungen die einzelnen Teammitglieder trennen –, sondern muss durch gezielte und intensive Kommunikation aufgebaut werden. Die Führungskraft sollte daher dafür sensibilisiert werden, dass der informelle, persönliche Austausch zwischen den Teammitgliedern gefördert werden muss. Zudem müssen Kommunikationsregeln festgelegt und etabliert werden, um Konflikte zu vermeiden. Dabei sollten diese Regeln gemeinsam im Team entwickelt werden. Um Vertrauen und Kommunikation in virtuellen Teams gezielt zu fördern, können Führungskräfte auf verschiedene Unterstützungssysteme zurückgreifen:

1. *Face-to-Face-kick-off-Veranstaltung:* Durch gemeinsame Teamentwicklungsmaßnahmen zu Beginn der Teamarbeit können sich die Teammitglieder besser kennenlernen und die informelle, persönliche Kommunikation kann gefördert werden.
2. *Virtuelle Teeküche:* Regelmäßige Online-Meetings sichern den permanenten Kontakt, auch wenn keine dringenden Themen vorliegen. Dies kann auch ein gemeinsames Kaffeetrinken vor der Webcam sein. Dabei sollten gemeinsame Erfolge oder spezielle soziale Ereignisse zusammen gefeiert werden.
3. *Plattformen zur Beziehungsgestaltung:* Tools und Apps, über die Beziehungen gepflegt werden können (wie z. B. eine WhatsApp-Gruppe), stärken die Bildung von Vertrauen und fördern den informellen Austausch.
4. *Team-Tandems:* Die Bildung von Tandems aus Teammitgliedern, die an verschiedenen Standorten sitzen, führt zu einem engen gemeinsamen Austausch und permanentem Kontakt. Die Tandems sollten in regelmäßigen Zeitintervallen wechseln, um alle Teammitglieder miteinander zu vernetzen.

Sensibilisierung für Frühwarnsysteme virtueller Teams

Das Konfliktpotenzial in virtuellen Teams ist deutlich erhöht. So können sich Konflikte länger aufstauen und verborgen bleiben. Dadurch kann sich Misstrauen im Team entwickeln und rivalisierende Subgruppen können sich bilden, die gegeneinander statt zusammenarbeiten (Boos et al., 2017). Aufgrund der räumlichen Distanz ist es jedoch für Führungskräfte besonders schwierig, die aktuelle Stimmung im virtuellen Team zu erfassen. Daher sollte die Führungskraft dafür sensibilisiert werden, die Teamstimmung permanent zu monitoren. So kann ein Teambarometer als Frühwarnsystem dienen, indem die Stimmung aller Teammitglieder in regelmäßigen Abständen (mehrmals am Tag, ein Mal am Tag, ein Mal pro Woche etc.) anhand einer einfachen Abfrage mit einem Online-Tool erhoben wird (Kauffeld u. Schulte, 2018). Dadurch kann die Führungskraft den Stimmungsverlauf im Team beobachten und mögliche Trends erkennen. Dies erlaubt eine frühzeitige Reaktion, wenn sich negative Entwicklungen andeuten, sodass Konflikte schon im Vorhinein verhindert werden können.

Fazit

Wer ein virtuelles Team führt, muss über die Besonderheiten der Führung auf Distanz informiert und für die spezifischen Herausforderungen sensibilisiert werden. Dabei sollten vor allem Überlegungen zum passenden Führungsstil im Fokus stehen. Die Führung virtueller Teams muss jedoch kein Hindernis oder Karrierekiller für Führungskräfte sein. Wenn es die Führungskraft schafft, die richtigen Voraussetzungen für die Zusammenarbeit im räumlich verteilten Team zu schaffen, kann eine virtuelle Teamarbeit sogar produktiver sein.

Weiterführende Literatur

Boos, M., Hardwig, T., Riethmüller, M. (2017). Führung und Zusammenarbeit in verteilten Teams. Göttingen: Hogrefe.

Bos, N., Olson, J., Gergle, D., Olson, G., Wright, Z. (2002). Effects of four computer-mediated communications channels on trust development.

In Proceedings of the SIGCHI conference on human factors in computing systems (pp. 135–140). New York: Association of Computing Machinery.

Brahm, T., Kunze, F. (2012). The role of trust climate in virtual teams. Journal of Managerial Psychology, 27 (6), 595–614.

Charlier, S. D., Stewart, G. L., Greco, L. M., Reeves, C. J. (2016). Emergent leadership in virtual teams: A multilevel investigation of individual communication and team dispersion antecedents. The Leadership Quarterly, 27 (5), 745–764.

Cohen, S. G., Gibson, C. B. (2003). In the beginning: Introduction and framework. In C. B. Gibson, S. G. Cohen (Eds.), Virtual teams that work: Creating conditions for virtual team effectiveness (pp. 1–14). San Francisco: Jossey-Bass.

ComTeam AG (2012). FührungsRaum: Im Spannungsfeld von Regulierung, Virtualisierung und dem Kampf um Talente. Gmund/Tegernsee: ComTeam AG.

Gesamtmetall, IG-Metall, VDMA, ZVEI (2017). Ausbildung und Qualifizierung für Industrie 4.0. Den Wandel erfolgreich gestalten. Agiles Verfahren. Handlungsempfehlungen der Sozialpartner. Zugriff am 17.03.2018 unter: https://www.gesamtmetall.de/sites/default/files/downloads/basispapier_agiles_verfahren_versand_17-03-28.pdf

Gilson, L. L., Maynard, M. T., Jones Young, N. C., Vartiainen, M., Hakonen, M. (2015). Virtual teams research: 10 years, 10 themes, and 10 opportunities. Journal of Management, 41 (5), 1313–1337.

Hackman, J. R. (2002). Leading teams: Setting the stage for great performances. Boston: Harvard Business Press.

Janneck, M. (2008). Das Fünf-Ebenen-Modell der computervermittelten Kommunikation. Dresden: TUDpress.

Kauffeld, S., Handke, L., Straube, J. (2016). Verteilt und doch verbunden: Virtuelle Teamarbeit. Gruppe. Interaktion. Organisation. Zeitschrift für angewandte Organisationspsychologie (GIO), 47 (1), 43–51.

Kauffeld, S., Sauer, N., Handke, L. (2017). Shared Leadership. Gruppe. Interaktion. Organisation. Zeitschrift für angewandte Organisationspsychologie (GIO), 48, 235–238.

Kauffeld, S., Schulte, E. (2018). Teams in Organisationen. Lehrbuch Arbeits-, Organisations- und Personalpsychologie. Heidelberg: Springer.

Konradt, U., Hertel, G. (2002). Management virtueller Teams. Von der Telearbeit zum virtuellen Unternehmen. Weinheim: Beltz.

Krystek, U., Redel, W., Reppegather, S. (1996). Virtuelle Organisationen: Paradoxien fluider Netzwerkstrukturen. Gablers Magazin, 10 (8), 17–21.

Newlands, A., Anderson, A. H., Mullin, J. (2003). Adapting communicative strategies to computer-mediated communication: An analysis of task performance and dialogue structure. Applied Cognitive Psychology, 17 (3), 325–348.

Reichwald, R., Bastian, C. (1998). Führung von Mitarbeitern in verteilten Organisationen: Ergebnisse explorativer Forschung. Technische Universität München. Zugriff am 17.03.2018 unter http://www.aib.wiso.tu-muenchen.de/publikationen/papers_online/reichwald-bastian-1998-fuehrung.pdf

Riethmüller, M., Boos, M. (2011). Zwischen Aufgaben-Medien-Passung und Teamleistung: Ein Blick in die Blackbox der Kommunikation. Wirtschaftspsychologie, 13 (3), 21–30.

Schmidt, G. B. (2014). Virtual leadership: An important leadership context. Industrial and Organizational Psychology, 7 (2), 182–187.

Zu den Autoren

Dr. Nils Christian Sauer ist wissenschaftlicher Mitarbeiter am Lehrstuhl für Arbeits-, Organisations- und Sozialpsychologie der Technischen Universität Braunschweig mit den Forschungsschwerpunkten Führung und Führungstrends, soziale Netzwerke und Networking sowie Digitalisierung und New Work.

Prof. Dr. Simone Kauffeld ist Inhaberin des Lehrstuhls für Arbeits-, Organisations- und Sozialpsychologie der Technischen Universität Braunschweig. Ihre Forschungsschwerpunkte sind Teams, Kompetenzentwicklung und -management, Karriere und Coaching sowie Fragen der Organisationsentwicklung. 2008 gründete sie die 4 A-SIDE GmbH. Seit 2012 ist sie als Vizepräsidentin unter anderem für die Themen Lehre, Medienbildung und Diversity zuständig.

5.6 Spotlight: Gesund Führen – Herausforderungen der Führungsrolle

Anne Katrin Matyssek

Es kommt Bewegung in Betriebe: Der demografische Wandel und der damit einhergehende Fachkräftemangel beschäftigen schon heute viele Akteurinnen in Unternehmen. Unternehmen sehen sich vor die Aufgabe gestellt, Mitarbeiter langfristig zu binden – hierbei spielt das Führungsverhalten eine wichtige Rolle:»Ich kündige nicht wegen der Arbeit oder wegen des Betriebs, sondern allein wegen meiner Chefin.« Aussagen wie diese sind häufig zu hören.

Die gesetzlich geforderte Durchführung der Gefährdungsbeurteilung psychischer Belastungen fördert als Ergebnis ebenfalls häufig zutage, dass der Umgang der Führungskräfte mit den Beschäftigten als Belastungsfaktor angesehen wird. Viele klagen über mangelnde Wertschätzung ihrer Person oder ihrer Arbeit. Die direkte Führungskraft – ihrerseits eingespannt in mannigfaltige Belastungen – wird hierfür verantwortlich gemacht.

Ein weiterer Faktor, weshalb das Führungsverhalten plötzlich so stark in den Fokus rückt, ist der Anstieg der psychischen Erkrankungen. Gesundheitsgerechte Führung steigert die psychische Gesundheit und das mentale Wohlbefinden deutlich. So lautet ein Ergebnis der TopJob-Studie 2013[1], durchgeführt vom Institut für Führung und Personalmanagement der Universität St. Gallen (im Auftrag der compamedia GmbH Überlingen).»Gesund Führen« scheint die Zauberlösung für alle genannten Probleme zu sein.

---

1 http://www.topjob.de/projekt/trendstudien/gesunde-fuehrung-2013.html

Warum die Führungskraft es so schwer hat: Zielkonflikte in der Führungsrolle

Berater, die Führungskräfte beim Thema »gesund Führen« unterstützen möchten, sollten sich bewusst sein: Der Führungsalltag ist geprägt von Zielkonflikten. Manche sagen auch, Führung sei ein einziger Eiertanz. Zum Beispiel soll die Führungskraft:

Kosten sparen (und etwa viele Kunden in kurzer Zeit bedienen)	... aber ...	der Kundenservice darf nicht zu kurz kommen
schnell arbeiten	... aber ...	sicher arbeiten und gute Qualität garantieren
Führen mit Vertrauen	... aber ...	bei Vertrauensmissbrauch für die Folgen geradestehen
ehrlich mit den Mitarbeitenden umgehen	... aber ...	Interna für sich behalten und eben nicht weitergeben
Mut haben für Neuerungen	... aber ...	es darf keine Zeitverzögerung geben

Empfehlungen zum Umgang mit solchen Zielkonflikten, die sich auch in der Beratung erarbeiten oder auf ihre Brauchbarkeit abklopfen lassen sind:
- Gestehen Sie sich die Existenz dieser Zielkonflikte ein. Sie gehören zum Job der Führungskraft dazu.
- Suchen Sie die Verantwortung für die Lösung der Zielkonflikte nicht bei anderen.
- Machen Sie sich klar: Sie können es nie allen recht machen.
- Werden Sie flexibel. Gestatten Sie sich auch mal eine Meinungsänderung.

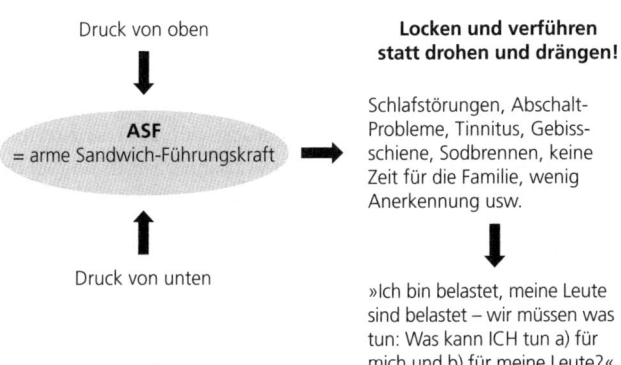

Abbildung 1: Anforderungen an eine Führungskraft in der klassischen Sandwichposition

- Unternehmenswerte liefern Orientierungspunkte, aber nie eine Standardlösung. Suchen Sie also nicht im Leitbild nach Antworten.
- Steigern Sie Ihre »Ambiguitätstoleranz« (alles hat zwei Seiten). Haben Sie Mut zu Bauchentscheidungen.
- Haben Sie den Mut, Stellung zu beziehen, ohne verbohrt zu sein.
- Das Einzige, was hundertprozentig hilft: der Austausch mit Kollegen. Der stärkt das Rückgrat.

Neben diesen Anforderungen seitens der Geschäftsleitung erlebt eine Führungskraft in der klassischen Sandwichposition auch Anforderungen seitens ihrer Mitarbeitenden (siehe Abbildung 1): Diese wollen als Person respektiert, als Teammitglied geschätzt, als Mensch gefördert, als Mitarbeiterin ausgelastet und obendrein vor Überlastung geschützt werden und vieles mehr.

Beiden Seiten gerecht werden zu wollen, verlangt von Führungskräften den Mut zum Position-Beziehen und Kraft zum Aushalten. Kein Wunder, dass die Anspannung oft hoch ist und insbesondere engagierte Führungskräfte anfällig werden für gesundheitliche Beeinträchtigungen.

Wer nun als Trainer, Beraterin oder auch leitende Führungskraft diese Menschen in Leitungsfunktionen für das Thema Gesundheit (und auch für gesundheitsgerechtes Führungsverhalten!) gewinnen möchte, sollte bei deren Erleben ansetzen. Erst wenn Führungskräfte merken (egal, ob in Coaching, Beratung oder Training), dass man ihr Erleben und – etwas pathetisch ausgedrückt – ihr Leid versteht und ihnen persönlich Unterstützung oder Entlastung bietet, sind sie bereit, sich im zweiten Schritt auch für Fragen zu öffnen, die ihr Führungsverhalten betreffen.

Tipps zum Thema »Führung und Beratung«

Aus diesen Überlegungen – und vor allem: Beobachtungen während zwanzigjähriger Arbeit mit Führungskräften – ergibt sich für die Beratung von Führungskräften, dass sie dem Thema Selbstfürsorge (»self-care«) stets besonderen Raum geben sollte. Die Erlaubnis, das eigene körperliche und seelische Wohlbefinden in den Fokus zu nehmen, erleben viele Führungskräfte als ein unerwartetes Geschenk. Noch dazu, weil sie überrascht sind, im Firmenkontext etwas »für mich privat« mitnehmen zu können, zum Beispiel Techniken zur Entspannung oder zum leichteren Abschalten nach Feierabend. Selbstfürsorge ermöglichen, das erfordert, Distanzierungsmöglichkeiten zu schaffen. Beratung kann dazu ermutigen, sich Zeitinseln zu schaffen und diese auch zu verteidigen.

Oft ist es auch erst aus der Distanz heraus möglich, die Führungskraft in ihrer Rolle zu stärken – viele Meister, Schichtführerinnen etc. sehen sich gar nicht als Führungskraft. Sie fühlen sich schlicht nicht angesprochen. Um die Identifikation mit der Führungsrolle zu ermöglichen, ist ein in den Augen der Meister »wertiger Rahmen« erforderlich; das kann so etwas sein wie die Erfahrung »Heute durften wir ins Sitzungszimmer auf der obersten Etage«.

Die Strategie »Locken und Verführen« ist beim sensiblen Thema Gesundheit empfehlenswerter als »Drohen und Drängen« (sprich: Zahlendruck und Benchmarks) – und übrigens erst recht beim noch viel sensibleren Themenkomplex »Krankheit und Fehlzeiten«.

Die Herausforderungen der Führungskraft

Abbildung 2 zeigt die Abhängigkeit des Führungsverhaltens – hier: sechs Aspekte in Herzform – von den Verhältnissen oder der »Kul-

Was Führungskräfte brauchen
Die Dimensionen wertschöpfender Führungstätigkeit

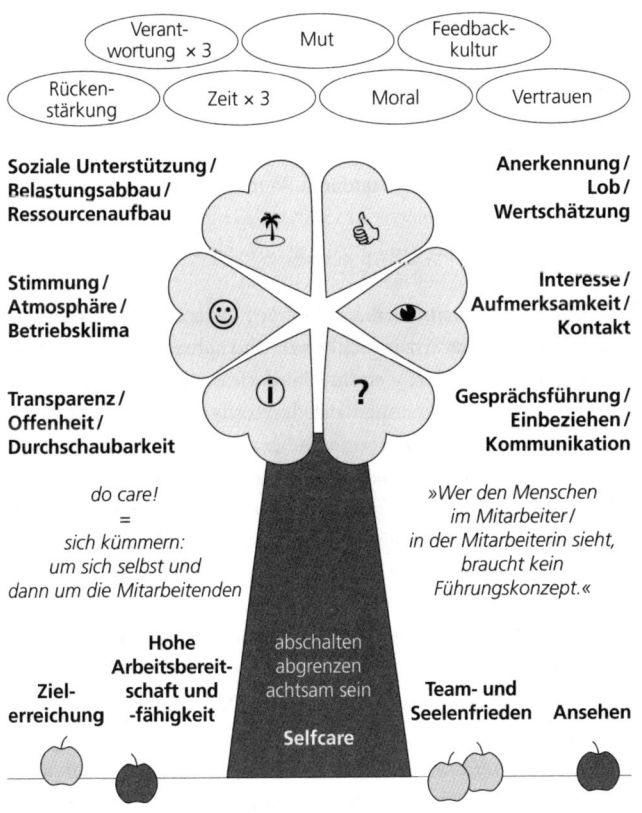

Abbildung 2: Was Führungskräfte brauchen

tur« im Unternehmen einerseits und der persönlichen Haltung – hier: Baumstamm mit Wurzeln – andererseits. Je stabiler die Haltung und je fördernder und unterstützender die Verhältnisse, desto eher wird das Führungsverhalten die in Apfelform dargestellten Früchte hervorbringen.

Aus diesem Grund tun Coachs, Berater und Trainerinnen gut daran, den Stamm zu stärken und das Rollenverständnis zu festigen (wobei eine gesundheitsgerechte Gestaltung der Verhältnisse grundsätzlich oberstes Primat sein sollte, aber hier ist der Einfluss von Beratern und Coachs in der Regel leider gering). Dies ist sinnvoller als das Einüben einzelner Verhaltensweisen wie etwa »So loben Sie richtig«. Wenn die Haltung stimmt, ergibt sich das gewünschte Verhalten quasi von selbst – und die Beratung nimmt ihren Klienten ernst, statt ihm bevormundend bestimmte Verhaltensweisen vorzugeben.

Empfehlungen für eine konstruktive Grundhaltung

- Führungskräfte sind dankbar für klare Orientierungsvorschläge. Sie wollen nicht erst in sich gehen und spüren, was eine Situation in ihnen auslöst – erschreckend viele fühlen sich durch solche Fragen bedroht. Auch viele wertvolle Ansätze wie etwa die gewaltfreie Kommunikation scheitern häufig deshalb, weil sie zu viel Reflexionsfähigkeit voraussetzen. Beraterinnen reflektieren ihr Tun ständig; sie sind es gewohnt, auf die Metaebene zu wechseln. Dies stellt aber für viele Führungskräfte eine Herausforderung dar.
- Seien Sie sich nicht zu schade, konkrete Handlungstipps zu geben und – besser noch – ein breites Spektrum begründet vorzustellen. Die Führungskräfte sind dankbar dafür. Trauen Sie ihnen zu, die für sie passende Variante herauszufischen. Das ist die Aufgabe des Beraters beim Themenfeld »Herausforderungen der Führungsrolle«: Möglichkeiten aufzeigen, diese vorgegebenen Möglichkeiten vor dem Hintergrund individueller Situationen reflektieren lassen – und dann das Zutrauen aufbringen, dass die Führungskraft schon die für ihre Situation geeignete Wahl treffen wird.

- Bestätigung ist ein Wert an sich. Die wenigsten tauschen sich über Führungsthemen aus, weshalb auch die kollegiale Beratung oft – nach der anfänglichen Hemmung – als bereichernd empfunden wird. Verabschieden Sie sich von dem Anspruch, neue und revolutionäre Ideen in den Führungsalltag einbringen zu wollen oder gar zu müssen. Viele Führungskräfte sind im Gegenteil dankbar, wenn sie eine Bestätigung aus dem Mund eines Fachmenschen erfahren.
- Glauben Sie an das Gute in der Führungskraft! Gehen Sie davon aus, dass die meisten Menschen nicht nur wegen des Geldes oder des Bewährungsaufstiegs zur Führungskraft geworden sind, sondern mindestens zusätzlich aus dem Antrieb heraus, etwas bewegen zu wollen. Die meisten meinen es gut (zumindest früher einmal), sie kommen nur so selten dazu angesichts der aktuellen Verschärfungen in der Arbeitswelt. Wenn Sie Ihre Aufgabe darin sehen, die Führungskräfte bei der Entfaltung ihrer Ressourcen zu unterstützen und ihnen obendrein die Erlaubnis zur Selbstfürsorge geben, leisten Sie damit auch einen wichtigen Basisbeitrag zur gesundheitsgerechten Führung von Mitarbeitenden.

Weiterführende Literatur

Matyssek, A. K. (2011). Gesund führen – sich und andere. Trainingsmanual zur Förderung der psychosozialen Gesundheit im Betrieb. Norderstedt: Books on Demand.

Matyssek, A. K. (2016a). Mehr als nur Gesundheit – was Führungskräfte brauchen. Norderstedt: Books on Demand.

Matyssek, A. K. (2016b). Mehr als nur Gesundheit – was Trainer und Berater verkaufen. Und wie Sie dabei erfolgreich sind. Norderstedt: Books on Demand.

Matyssek, A. K. (2017). Der Führungskräfte-Kalender 2018: Gesund führen – Fehlzeiten senken. Jahresbegleiter. Norderstedt: Books on Demand.

Purps-Pardigol, S. (2015). Führen mit Hirn: Mitarbeiter begeistern und Unternehmenserfolg steigern. Frankfurt a. M.: Campus.

Sprenger, R. (2018). Radikal digital: Weil der Mensch den Unterschied macht – 111 Führungsrezepte. München: DVA.

Zur Autorin

Dr. phil. Anne Katrin Matyssek ist Diplom-Psychologin und Psychologische Psychotherapeutin. Nach dem Studium und der Promotion an der Universität zu Köln war sie zwölf Jahre Lehrbeauftragte an der Leibniz-Universität Hannover. Sie ist Autorin und Beraterin mit den Schwerpunktthemen »Gesund Führen« und »Fehlzeiten senken«.

5.7 Spotlight: Führung und Self Leadership

Günter Engel

> »Zwischen Reiz und Reaktion liegt ein Raum.
> In diesem Raum liegt unsere Macht zur Wahl
> unserer Reaktion. In unserer Reaktion liegen
> unsere Entwicklung und unsere Freiheit.«
> Viktor E. Frankl

Führung in turbulenten Zeiten

Mit der Zunahme an Komplexität und Veränderungsdruck in Organisationen wachsen die persönlichen Herausforderungen für Führungskräfte. Die komplexer werdende VUKA-Welt (Volatilität, Unsicherheit, Komplexität, Ambiguität) fordert von Organisationen eine ständige Innovationsbereitschaft und hohe Selbstverantwortlichkeit und Agilität. Die Persönlichkeitsentwicklung aller Organisationmitglieder gewinnt in Zeiten der Beschleunigung und wachsenden Unsicherheiten zunehmend an Bedeutung. Führungskräfte haben hier eine Vorbildfunktion. Ihr Verhalten und ihre Haltung haben einen wesentlichen Einfluss auf das Gelingen eines Unternehmens oder einer Organisation. Von Führungskräften wird heute erwartet, dass sie in der Beziehung zu ihren Mitarbeiterinnen Vertrauen und Sicherheit erzeugen können. Besonders in turbulenten Zeiten ist das Verhalten der Führungsperson ein Schlüsselfaktor für die Entwicklung kreativer Lösungen und die Förderung von Selbstorganisationsprozessen. Zu Erzeugung von Sicherheit und Vertrauen sind Kritikfähigkeit, die Regulierung emotionaler Prozesse und die Fähigkeit zur Selbstreflexion und Selbstführung entscheidende Komponenten für die effektive Führung einer kreativen und verantwortungsvollen Mitarbeiterschaft. Eine Führungskraft, die einen positiven Einfluss auf die Kreativität der Organisationsmitglieder erzeugen will, braucht eine gute Selbstführung. Viele Projekte scheitern aufgrund zwischenmenschlicher Konflikte, festgefahrener Verhaltensmuster und destruktiver Kommunikationsabläufe zwischen Führern und Geführten. Mit der Erkenntnis, dass die Persönlichkeitsentwicklung der Mitarbeiterinnen ein wesentlicher Erfolgsfaktor für eine Organisation ist, rückte in den letzten Jahren das Thema Selbstführung, Selbstfürsorge und Self Leadership in den Fokus wissenschaftlicher Forschung.

Self Leadership – ein altes Thema im neuen Gewand?

Bedeutung und Chancen von Self Leadership sind in den letzten Jahren in der wissenschaftlichen Führungsdiskussion und in Beratungskontexten zunehmend erforscht und beschrieben worden (vgl. Müller u. Braun, 2009; Furtner u. Baldegger, 2013; Furtner, 2017; Neck, Manz u. Houghten, 2017; Wallner u. Völkl, 2017). Die Themen Selbsterkenntnis und Selbstführung wurden bereits vor 2500 Jahren im antiken Griechenland in einer Inschrift an einer Säule am Apollon-Tempel von Delphi mit dem Spruch »Gnothi seauton« = »Erkenne dich selbst« dokumentiert. In allen Kulturen und Religionen ist das Thema Selbstführung präsent und mit vielen Anleitungen und Übungen beschrieben. Während in der antiken Welt der Weg zur Selbsterkenntnis ein Weg zum gelingenden Leben und zur Einsicht in die eigene Begrenztheit war, wird in der neuen Führungsdiskussion eine gute Selbstführung auch als eine Basiskompetenz zu effektiven Führung gesehen. Neck, Manz und Houghton (2017) sehen Self Leadership als »the process of influencing ourself« (S. 7) und beschreiben differenzierte Wege zur Entwicklung von Self-Leaderhip-Kompetenzen.

Für Furtner (2017) ist Self Leadership ein »zielorientierter und selbstbeeinflussender Prozess zur Steigerung der persönlichen Effektivität und Leistung« (S. 39). Diese effektive Einflussnahme auf die eigene Entwicklung ist aus seiner Sicht Voraussetzung für effektive Führung. Wenn mit der Entwicklung von Self-Leadership-Fähigkeiten eine nachhaltige Wirkung auf die Führungskultur in der Organisation erzielt werden kann, stellt sich die Frage, in welchen Bereichen oder Feldern Selbstführung erfolgen kann.

Felder und Strategien der Selbstführung aus systemtheoretischer Sicht

In der neueren Systemtheorie wird unterschieden zwischen einem System und seiner Umwelt. Nach dem Soziologen Niklas Luhmann, dem Begründer der neueren Systemtheorie, bestehen soziale Systeme nicht aus Personen, sondern aus Kommunikationen (Luhmann, 1988). Über kontinuierliche Kommunikationen erzeugen sich soziale Systeme selbst (z. B. ein Projektteam) und grenzen sich dadurch von ihrer Umwelt (z. B. Stakeholder) ab. Systeme sind mit ihrer Umwelt strukturell gekoppelt, verarbeiten aber Informationen aus der Umwelt in ihrer Systemlogik. Diese Sichtweise ist für uns ungewöhnlich, macht aber Sinn, wenn wir in Bezug auf Wechselwirkungen zwischen Person und Person oder zwischen Person und Organisation weiterdenken. Die Art und Weise, wie ich mit einem anderen Menschen kommuniziere, wie ich einen Reiz (z. B. kritische Äußerungen) wahrnehme, beschreibe, interpretiere, wie ich emotional und körperlich auf diesen Reiz reagiere, ist immer subjektiv. Ich bin der »Konstrukteur« meiner Reaktionen und verantworte das, was ich kommuniziere. Mit dieser Grundhaltung, mich selbstverantwortlich für meine Reaktionen zu sehen, gewinnen Kompetenzen der Selbstreflexion und Selbstführung an Bedeutung. Als Führungsperson sollte ich die Fähigkeiten entwickeln, wahrzunehmen, wie ich von außen und von innen kommende Reize gedanklich, emotional und körperlich verarbeite. Aus diesen Überlegungen ergeben sich vier Felder der Selbstbeeinflussung:

- Kognition
- Emotion
- Körper
- Handlung

Im nächsten Schritt soll beispielhaft für das Themenfeld »Kritik« aufgezeigt werden, wie diese vier Felder in einem Coaching- und Beratungssetting für die Führungspersonen selbst und für die Organisation gewinnbringend genutzt werden können.

Umgang mit Kritik

Der Umgang mit Kritik ist ein wesentlicher Bestandteil in der Führungspraxis moderner Unternehmen und kreativer Teams. Gleichzeitig ist eine kritische Bemerkung oder der sanfte Hinweis auf einen möglichen Fehler bezüglich des Führungsverhaltens eines Teamleiters oder einer Geschäftsführerin oft immer noch mit Angst besetzt, da man nach einer kritischen Bemerkung Repressalien seitens der Führungskraft befürchtet. Je höher die Position einer Führungskraft, umso weniger ist diese einer Kritik von »unten« ausgesetzt. Will ich eine Organisations- oder Teamkultur entwickeln, in der Kritik willkommen ist, muss ich als Führungskraft Strategien entwickelt haben, mit Kritik entsprechend der angestrebten Kommunikationskultur passend umzugehen. Statt mit unwillkürlichen Verhaltensmustern wie Empörung oder Schuldzuweisung nach innen oder außen zu reagieren, sollte ich imstande sein, selbstreflexive Reaktionsmuster bewusst zu entwickeln, um eine anschlussfähigere Kommunikation mit meinem Gegenüber herzustellen. Das heißt: Ich benötige eine gute Strategie der Selbstführung.

Kognitive Strategien

Im Rahmen der Entwicklung von Self-Leadership-Kompetenzen könnte ein erster Schritt in der gedanklichen Reflexion des bisherigen Verhaltensmusters bestehen. Was nehme ich wahr, wenn Kritik mir gegenüber geäußert wird? In welchem physiologischen Zustand bin ich besonders reizbar bei Kritik? Wie kann ich lernen, gut mit Kritik umzugehen? Welche andere Reaktion auf Kritik will ich lernen?

Eine weitere Strategie wäre, mir andere Ziele für den Umgang mit Kritik zu setzen. Kann ich in Bezug auf Kritik statt eines Vermeidungsziels (z. B. »Ich will nicht gekränkt sein, wenn ich kritisiert werde«) ein Annäherungsziel (z. B. »Ich möchte lernen, bei Kritik erst einmal die Perspektive meines Gegenübers zu verstehen«) formulieren? Ist das Ziel für mich attraktiv und kann ich es autonom erreichen? Wie hoch ist meine Motivation, Umgang mit Kritik zu lernen? Welche positive Seite hat Kritik, die mir gegenüber geäußert wird? Kann ich ein Mottoziel bezogen auf den Umgang mit Kritik entwickeln (vgl. Storch u. Krause, 2014). Mottoziele beschreiben einen angestrebten Zielzustand in Form einer subjektiv bedeutsamen Metaphernsprache, die für die Person mit positiven Assoziationen verbunden ist (ein auf eine positive Umdeutung von Kritik bezogenes Mottoziel könnte beispielsweise lauten: »Wie ein Adler schaue ich mit scharfem Blick auf andere und mich selbst«). So kann eine emotional positive Haltung zu dem jeweiligen Ziel entstehen. Gestärkt wird ein Mottoziel mit einem für mich passenden und für mein Ziel attraktiven Erinnerungsanker (z. B. Foto eines Adlers), den ich an verschiedenen Stellen (z. B. Postkarte an der Bürotür, am Bildschirmschoner) platzieren kann, um mein Vorhaben und mein Ziel buchstäblich nicht aus den Augen zu verlieren. Habe ich eine positive Haltung zu meinem Ziel »Umgang mit Kritik«, fällt es mir leichter, Kritik umzudeuten in »nützliche Information zur Weiterentwicklung meiner Person und der Organisation«.

Emotionale Strategien

Die Wechselwirkung von Emotionen und Gedanken sind in der Emotionsforschung ausführlich beschrieben worden (vgl. Ciompi, 1998, oder Ekman, 2017). Reagiere ich auf Kritik mit Angst, Ärger oder

Wut, bleibe ich gedanklich eingeschränkt und bin auf Verteidigung fokussiert. Emotionen filtern mein Denken und fokussieren die Aufmerksamkeit in eine Richtung. Es entsteht eine kognitive Kurzsichtigkeit, nur das Naheliegende wird gesehen. Eine solche Reaktion ist oft nicht zu vermeiden. Die Wahrnehmung und die Akzeptanz dieser ersten emotionalen Reaktion ist ein erster Schritt, um eine emotionale Kompetenz bezüglich des Umgangs mit kritischen Äußerungen zu erwerben. Zum Erwerb von Self-Leadership-Kompetenzen im Umgang mit Emotionen wird es bedeutsam, wie oft ich diese Wahrnehmungsprozesse mit mir selbst übe. Erst über ein ständiges Üben kann ich mit der Zeit meine Wahrnehmungs- und Reaktionsfähigkeit in mein Selbstmodell integrieren.

Körperliche Strategien

Die Embodiment-Forschung (Storch u. Tschacher, 2014) geht davon aus, dass der Körper in kognitiven und emotionalen Prozessen immer eingebunden ist. Wenn wir Kritik erfahren, hat unser Körper bereits reagiert, bevor wir zu gedanklichen Bewertungen und emotionalen Reaktionen kommen. Dies bedeutet auch, dass unser Gegenüber bereits bei der Äußerung seiner Kritik unsere körperlichen Reaktionen wahrnimmt und emotional sowie gedanklich verarbeitet. In diesem komplexen Prozess der Wechselwirkungen können selbstorganisierte Kommunikationsmuster entstehen, die einen positiven oder negativen Affekt erzeugen, der wiederum körperlich in Erscheinung tritt.

Unsere körperlichen Erstreaktionen in solchen Kommunikationsprozessen sind in der Regel willentlich nicht beeinflussbar. Eine kritische Bemerkung in einem barschen Ton kann sofort zu einer Erhöhung der Atemfrequenz führen, einen »Schlag in die Magengrube« erzeugen. Allerdings kann über eine geschulte Körperwahrnehmung und durch den Aufbau selbstreflexiver Kompetenz im Sinne von Self Leadership (s. Abbildung 1) eine professionelle Zweitreaktion erlernt werden. Die direkte körperliche Veränderung kann häufig über bewusste Atemübungen oder veränderte Körperhaltungen eingeleitet werden.

Handlungsstrategien

Die Einübung und Wiederholung der körperlichen, emotionalen und kognitiven Strategien der Selbstführung führen schließlich zu einer neuen, bewussten und selbstreflektierten Zweitreaktion im Umgang mit Kritik. Die Akzeptanz der Erstreaktion und die bewusste Veränderung einer Zweitreaktion sind ein Zeichen professioneller Selbstführung (vgl. Storch u. Kuhl, 2012). Die Erstreaktion entsteht aus der gewohnten Stimmungslage und führt unreflektiert zu gewohnten Reaktionsmustern. Werden diese Prozesse transparent mit dem Gegenüber ausgetauscht, erhöht sich die Wahrscheinlichkeit, dass derjenige, der Kritik äußert, sich ebenfalls ein verändertes Verhalten erlaubt, nachdem er wahrgenommen hat, wie professionell die Führungsperson auf seine Kritik reagiert hat.

Das Rad der Selbstführung – ein Tool für Self-Leadership-Training

Für die praktische Umsetzung zum Erwerb von Self-Leadership-Kompetenzen habe ich ein Visualisierungsmodell (vgl. die folgende Abbildung 1) entwickelt, das ich im Beratungsprozess einsetze. Mit diesem Modell kann ich dem Klienten die einzelnen Phasen des Reaktionsprozesses von der Wahrnehmung bis zur Handlung aufzeigen. Damit lassen sich innere Vorgänge im Zusammenhang mit verunsichernden oder bedrohlichen Reizen aus der kommunikativen Umwelt distanziert betrachten.

Eine wirkungsvolle Intervention zur Unterbrechung bisheriger Verhaltensmuster im Umgang zeigt sich mit der »Akzeptanz der Erstreaktion« und der »Freiheit, eine Zweitreaktion zu entwickeln«. Auch die Forscherhaltung »Oh, interessant, wie ich reagiere« kann im Beratungsprozess zu einer neuen Sichtweise führen. Wenn-dann-Pläne (vgl. Faude-Koivisto u. Gollwitzer, 2009) unterstützen einen nachhaltigen Übungseffekt. Mit dem Rad der Selbstführung ist es möglich, gewohnte Reaktionsmuster schnell zu erkennen und mit neuen Verhaltensmustern zu reagieren.

Rad der Selbstführung

Abbildung 1: Rad der Selbstführung (G. Engel)

Fazit

Self Leadership ist eine Basiskompetenz für Führungskräfte. Nur wer sich selbst effektiv führen gelernt hat, kann auch andere Menschen führen. Mit Self-Leadership-Strategien erhöhe ich meine Wahlmöglichkeiten im Umgang mit kognitiven, emotionalen und körperlichen Prozessen. Mit der so neu gewonnenen Haltung wirke ich als Führungskraft auch positiv auf die Mitglieder meines Teams oder der Organisation. Die sich so entwickelte Synchronisierung mit dem Gegenüber hat nicht nur Wirkung auf die Umgangskultur im Betrieb, sondern ebenso eine positive Wirkung auf meine eigene Befindlichkeit und meine Gesundheit.

Weiterführende Literatur

Ciompi, L. (1998). Affektlogik. Über die Struktur der Psyche und ihre Entwicklung. Ein Beitrag zur Schizophrenieforschung. Stuttgart: Klett-Cotta.

Ekman, P. (2017). Gefühle lesen. Wie Sie Emotionen erkennen und richtig interpretieren (2. Aufl. 2010; Nachdruck). Berlin: Springer.

Faude-Koivisto, T., Gollwitzer, P. (2009). Wenn-Dann Pläne: eine effektive Planungsstrategie aus der Motivationspsychologie. In B. Birgmeier (Hrsg.), Coachingwissen. Denn sie wissen nicht, was sie tun? (S. 207–225). Wiesbaden: GWV Fachverlag.

Furtner, M. (2017). Essentials. Self-Leadership. Basics. Wiesbaden: Springer Gabler.

Furtner, M., Baldegger, U. (2013). Self-Leadership und Führung. Theorie, Modelle und praktische Umsetzung. Wiesbaden: Springer Gabler.

Luhmann, N. (1988). Was ist Kommunikation? In F. B. Simon (Hrsg.) (1997), Lebende Systeme. Wirklichkeitskonstruktionen in der systemischen Therapie (S. 19–31). Frankfurt a. M.: Suhrkamp.

Müller, F. G., Braun, W. (2009). Selbstführung. Wege zu einem erfolgreichen und erfüllten Berufs- und Arbeitsleben. Bern: Huber.

Neck, C. P., Manz, C. C., Hougthon, J. D. (2017). Self leadership. The definitive guide to personal excellence. Thousand Oaks: Sage.

Storch, M., Krause, F. (2014). Selbstmanagement – ressourcenorientiert. Grundlagen und Trainingsmanual für die Arbeit mit dem Zürcher Ressourcen Modell ZRM (5. Aufl.). Bern: Huber.

Storch, M., Kuhl, J. (2012). Die Kraft aus dem Selbst. Sieben PsychoGyms für das Unbewusste. Bern: Huber.

Storch, M., Tschacher, W. (2014). Embodied Communication. Bern: Huber.

Wallner, H. P., Völkl, K. (2017). Fokus Self Leadership. Gesunde und wirkungsvolle Selbstführung in Zeiten hoher Komplexität. St. Margareten/Raab: Edition Summerhill.

Zum Autor

Günter Engel ist Schulleiter der Leonardo-da-Vinci-Gemeinschaftsschule in Riegelsberg (Saarland). Seine Qualifikationen umfassen: M. A. Schulmanagement, Systemischer Familientherapeut, Supervisor und Organisationsberater. Er arbeitet zu den Themenschwerpunkten systemisches Konfliktmanagement, Self Leaderhsip und Teamentwicklung.